KB127056

무릉도원기

무 릉 도 원 기

지은이　| 김수형
만든이　| 최수경
만든곳　| 글마당
책임 편집디자인 | 정다희

(등록 제02-1-253호, 1995. 6. 23)

만든날 | 2021년 7월 10일
펴낸날 | 2021년 7월 25일

주소 | 서울시 송파구 송파대로 28길 32
전화 | 02. 451. 1227
팩스 | 02. 6280. 9003
홈페이지 | www.gulmadang.com
이메일 | vincent@gulmadang.com

ISBN 979-11-90244-21-3(03190)　　값 15,000원

차례

제1부 시 〈도화원기〉에 이의를 달다

제2부 근덕

제3부 무릉부흥전략

3

축하작품과 근덕풍경

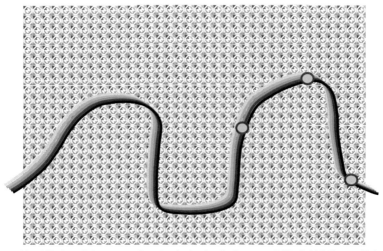

그림은 삼척시 근덕면 교곡-도원-무릉-옥계-시동을 흐르는 무릉천 거랑(시내) 중도원과 무릉 부분으로, 자세히 들여다 보면 인자하면서도 용맹한 사람의 눈과 코를 볼 수 있다. 세 개의 ● 는 무릉동에 있는 세 쏙(沼).

축하 시

그곳으로

떠나와 살면서
가녀린 삶의 떨림을 안고
별빛을 헤아리며
그곳을 향해 가고 있는 걸까?

찾을 수 있을까?
그곳에서 빛나고 곱던
잃어버린 날들의
작은 추억의 조각들을 찾아서

그리운 이들의 이름도
사랑으로 감싸주고 일깨워주던
그 기쁨이 삶의 용기가 되었으리
그것이 우리 청춘의 보람이었다네

이렇게 허기진 나이가 되어 돌아가도
푸른 느티나무 잎은 잔잔히 흔들며
텅 빈 마음을 달빛으로 보듬어줄까?

"고향의 산과 들을 애착으로 대하면서 느낀 생각을 칠십 고개 마루에서 펼치셨습니다.
시인과 독자의 만남은 기다림 속에 피는 사랑이었다고, 새로움이 누군가의 삶 속에 기쁨의 글 둥지를 틀어, 희망을 안겨 주신 김수형 시인님 감사합니다"

ⓒ 한울 김선자
　아동문학가,
　동문수학 고향 친구

자네 집에 술 익거든

자네 집에 술 익거든
부디 날 부르시오
내 집 초당 꽃이 피면
나도 자네 청하옴세
백 년 덧
시름 잊을 일을
의논코자 하노라

김육의 시 소담

ⓒ 素潭 임광진
서예가, 동문수학 고향 친구

축하 시

꿈꾸는 오십천(五十川)

강물도 가끔 꿈을 꾼다
하구(河口)에서 더욱 그렇다
꿈을 위해 흐름도 멈추고
강바닥의 돌까지 소리를 낮춘다

산그늘 길어지는 가을이면
낙엽이 떠내려 오고
북양에서 돌아온 연어는 물을 거슬러
마지막 힘으로 알을 낳고
생(生)을 묻는다

내 가슴속 깊은 강
내가 꾸는 꿈속
연어 알이 깨어나고
북양으로 헤엄쳐 갈
날 기다리고 있다.

ⓒ 宮村 김형화
　　시인, 동문수학 고향친구

축하 사진

마테호른

ⓒ 촙 김봉선
사진작가, 동문수학 고향친구

근덕풍경 - 덕봉산

영조 무오에 근덕번(近德蕃)으로 고치고, 헌종 임인(1842년)에 근덕(近德)으로 고쳤다. 면의 이름은 덕봉산(德峰山)을 인용하였다. 『삼척향토지』 32쪽

근덕풍경 - 맹방불

계절을 가리지 않고 찾아오는 속상한 사람들의 애환 다 들어주고,
뜨거운 태양아래 청춘들의 싱싱한 웃음 수평선까지 퍼지게 하고,
쏟아지는 함박눈 속 해변을 거니는 연인들이 나누는 뜨거운 킷씨,
쨍! 쇳소리 낼 듯 맑은 밤의 은하수와 별빛을 바라볼 수 있는 모래불.

근덕풍경 -교가리 느티나무

나무 높이는 25m(현재는 허리가 꺾인 후 10m 높이에 가지가 만연), 나무 둘레는 9m다. 속전야화(俗傳野話)의(수종의 특질을 고찰하면 약 2200년 전인 246년 경 자연생으로 추정된다) 이 나무는 신령스러운 기운이 장엄한 까닭에 맹호가 성할 때에도 근방에는 발자국을 남기지 않았다. ⓒ 김순희

근덕풍경 – 부남나리

저 푸른 하늘과, 저 파란 바다. 색깔만 봐도 누군가와 같이 오고 싶어진다.
촬영 지점 바로 이 자리에 아담한 카페 하나 있으면 참 좋겠다.
멀리 왼쪽 수평선 끝에 덕산 나마깐이 보인다.

지도: Daum

선비정신
성리학

매향정신
후학양성
지성감천

포용정신

큰 덕

충절

최수 선생
묘

대자연
과학

삼척초당굴 초
당
굴

소
한
연

민물김

언어양식장

맹방해수욕장

덕봉산

덕산해수욕장

덕봉산
(54M)

무릉동천 바위

삼척마이스터
고등학교

무릉도원제

무릉정신
무릉도원기

도원

화안정신
<도화원기>

파인밸리CC

공중산

선덕민
관행정
영벽수관

교민지센터

마
티
나
무

수양산

화합정신

애향심

용합창조

남
애
포

양야연대

나릿부남

무릉도원으로(路)

들어가면서

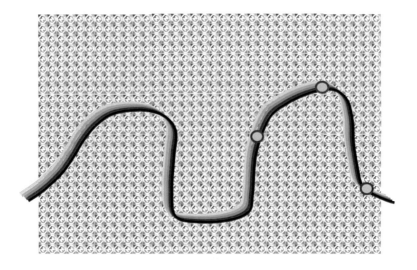

새로운 예술 장르를 개척

이 글은 한 편으로, 열심히 일하는 모습만 보여줘도 건전한 가정 교육이 될 줄 알았던 내가 아빠 역할을 제대로 하지 못한 것을 뉘우치면서 늘그막에 '두 번째 아빠'로서 사랑하는 후손들에게 들려주는 이야기다.

도안: 모두 '시' 자를 기본으로 품은 서–사–소–수

뭐 하나 별로 살갑게 갈채(가르쳐)주지 못한 동생들과 직장에서 같이 일했던 후배들에게도 들려주고 싶은 말이기도 하다.

가족–동생–조카–손녀–친구 등과 함께 만든 많은 사진–그림 등을 넣은 시–서화–사진–소설–수필의 다섯 가지가 혼합된 글 짬뽕으로 어느 문학·예술 장르에도 속하지 않은 70대 중반 노인의 따뜻하고–따끔하고–눈으로도 즐기는–명랑한 이야기다.

근덕의 어원과 역사를 살피던 중에 덕봉산–느티나무–석고가의 연결고리를 찾았고, 동해안 남북 도로를 관장하던 평릉도 찰방이 주둔하던 산호벽수관 얘기도 알게 되었다. 그 과정에 흘려 읽었더라면 클랄(큰일 날)뻔 했던 최종원 시인의 덕봉산 시

17

와 수양산 시를 만나 덕봉산 '덕(德)의 정의'를 알았고, 수양산이 최수 선생의 '충절'로 인해 지은 이름임을 추론했다.

그러다 보니 3000년 전 은(殷)나라, 2200년 전 진(秦)·한(漢)나라, 1600년 전 진(晉)나라 그리고 1000년-500년-200년 전 선조들의 이야기 끈가리(끈)가 줄줄이 이까재(이어져) 나왔다.

2200년 수령의 교가리 느티나무와 함께 많은 이야기가 근덕면에 있었던 사실을 찾아냈다,

그게 중국 얘기 같지만, 실은 우리 조상 동이족 얘기고, 즐거운 상상은 쬐끔(조금) 섞였지만 허황된 얘기는 결코 아니다. 『삼척향토지』를 중심으로, 인터넷과 백과사전 기록에 근거, 역사 조각, 흩어져 있던 구슬들을 꿰어 보배로 맹그랐다(만들었다).

고향에 대해 모르는 게 많아

나는 강원도 삼척시 근덕면 교가리 무릉동 977번지에서 태어나, 근덕중학교를 졸업할 때까지 거사(거기서) 살았고, 삼척공전 5년 동안은 삼척 정라진에서 살았다. 취직하고 한 5년 더 합쳐 25년을 삼척시에 살았지만 고향에 대해 모르는 몇 가지 의문이 있었다.

태어난 무릉동은 '무릉도원(武陵桃源)'이라는 사자성어에 나오니 괜히 마음이 뿌듯했다. 이웃 동네 도원은 복상(복숭아)꽃 피는 평화로운 곳으로 쉽게 생각했고, 그런데 무릉은 무슨 뜻인가? 그리고 근덕면이라는 곳은 이웃 원덕읍과 함께 한자 원근(遠近)의 차이는 알겠는데, 그것을 정하는 '덕'은 어떤 의미를 가진 것이고, 무엇으로 원근을 갈랐을까? 또 '교가리'란 어떤 사연을 지녔고, 삼척은 삼세 번 어쩐다는 건

지, 무슨 의미인지?

그 의문을 깊이 파고들지 못하고 살다가 회갑이 넘어 나름 무릉도원의 의미를 깨달았다.

무릉의 武는 무기-힘-지식-역량-과학을 말하고, 陵은 언덕처럼 많이 쌓인 것. 즉 「힘(武)을 언덕(陵)처럼 쌓은 무릉 사람들이 내/외부 침략을 능히 물리칠 힘을 지녀 자신을 지키니, 평화를 이루고, 노후에 편히 살 수 있는 도원에 들어 갈 수 있다」라고.

그렇게 혼자 터득한 의미에 자부심을 가졌는데, 중국 장가계 관광 여행을 갔다가 '무릉정신'이라는 철학을 깨닫게 되었다. 그래 좀 더 뭔가를 찾아보려고, 무릉도원의 어원이 든 도연명 시인의 〈도화원기〉를 찬찬히 읽으면서 내가 이름지은 '화안정신'도 깨달아 무릉정신과 어울리면, 도연명 시인도 빛나겠지만, 내 고향도 빛나게 될 거라는 생각을 하게 되었다.

그렇게 하면서 고향에 품었던 의문, 무릉도원-교가-근덕-삼척에 대해, 잊혀져 가는 추억-사라져가는 사투리-없어져가는 전통 민속-예전엔 몰랐던 역사, 그 뿌리를 캐 보게 되었다.

중학교 때, 먹물을 바른 광목(천)을 덧대서 떨어진(해진) 운동화를 꿰매 신다 보니 열 세 군데나 되더군. 그런 마음으로 역사의 조각들을 바느질해서 스토리로 엮어 고향의 의미를 깨닫고, 내친김에 쇠퇴한 고향의 부흥을 이루려는 마음으로 이 무릉도원기, 나만의 「고향 부흥 전략 기획서」를 만들었다. 스러져가는 고향, 그 지키미 느티나무를 중심으로.

무릉도원기 [武陵桃源記]

옛날에 중국 진(晉)나라 도연명 시인이 〈도화원기〉 시를 썼어요.
인간이면 누구나 꿈꾸는 이상향을 그린 시라고 세상이 칭송해요.
무릉 사는 어부가 우연히 들어가 본 넉넉하고 평화로운 도화원 마을,
그곳에는 어른 아이 어울려 풍족하고 인정스레 살고 있었으니,
'무릉도원' 사자성어는 바로 〈도화원기〉 때문에 태어난 말이겠지?
허나 시인은 무릉원 장량 선생의 치열한 삶은 일부러 안 쓰시고,
전쟁을 피해서 숨어 사는 이들의 편안한 도원경만 보여주셨지요.
실은 그 곳 사람들은 누구에게 발각될까 봐 불안한 삶을 사는데도,
세상 사람들은 지금도 거기가 정말로 이상향인 줄 알고 있어요.

한(漢)나라 개국공신 장량은 권세를 마다하고 시골에 은거하지만,
정부는 토사구팽 그를 죽이려 100번이나 공격을 감행했어요.
선생은 토가족과 힘을 합쳐 무릉 백장협에서 100번을 모두 물리치니,
싸움에서 결코 지지 않는 힘과 탁월한 전략으로 평화를 쟁취하지요.
그 엄중하고 장엄한 생존의 땅 이름이 다름아닌 '무릉'이네요.
시인은 어느 먼~ 후세에 시끄럽고 혼란스런 세상이 또 벌어지거든,
누군가가 나서서 장량 선생의 고귀한 삶의 가치를 밝혀 널리 알리고,
도피 아닌 '힘'으로 얻는 평화야말로 진정한 이상향임을 말하라고,
천 년 이상 멀리 아주 멀~리 내다 보고 일부러 '숨겨둔 의도'를,
무려 1600년이 지난 오늘 한국 무릉 출신인 내가 감히 찾아냈답니다.

장가계 무릉과 똑같은 이름 삼척시의 내 고향 무릉은 어떤 땅인가?

면적은 작아도 근덕면 교가리 무릉동천 '큰 마을(大村)'로 불렸는데,
무릉천 세 쏙이 자갈로 메워지는 사이에 시들시들 쇠퇴해지더니,
옛 영화는 다 깨져 밭 고랑에 흩어진 기왓장에 스며 있을 뿐이네.
"무릉동 세 쏙이 부활하면 동네가 부흥한다"는 전설을 듣고,
"나를 지킬 힘(武)을 언덕(陵)처럼 쌓아야 한다"는 깨달음을 가지고,
거기에 장가계 여행 때 장량 선생 무릉원 얘기를 감명 깊게 듣고,
도화원은 '화안정신', 무릉원은 '무릉정신'을 말한다고 정했어요.
만일에 이 두 정신이 어울려 빛나는 상승작용을 일으키게 만든다면,
사람이 사람답게 살 수 있는 완전한 이상향이 될 거라 믿어.
이에 근덕에 [무릉도원재]를 두어 두 정신 두루 빛나게 하고 싶어.

최종원 선비의 시, 근덕 덕봉산 도덕과 수양산 충절을 읽으셨나요?
은나라 백이·숙제 고사리와 조선 최수 어른 고사리 내력을 아시나요?
한유 선생 석고가에 나온 '산호벽수교지가'의 뜻을 이어 받아,
2천년이 넘도록 고향 땅 지켜주는 느티나무의 그윽한 가호를 받아,
다른 사람끼리 '교가 마음'으로 어울림과 융합의 아우라로 살자고,
화랑의 후예, 400년 이상 '산호벽수관'이 자리잡았던 땅 근덕에서,
이질적인 것도 한 마음으로 용해한 창작품 '무-덕-략'을 지니자고,
이에 〈무릉도원기〉를 쓰고 [무릉도원으로(路)]를 개설하노니,
부디 근덕 무릉 부흥하고, 武-德-略으로 세상을 이롭게 만들고저.
이로써 사람들 엄지 척 "You top이야!" 외쳐 행복 누리시기를!

제1부 <도화원기>에 이의를 달다

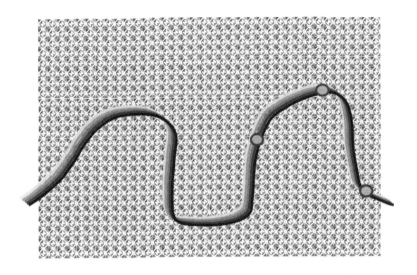

〈도화원기〉'서문'

무릉도원기 서문

인터넷에서 많은 분들이 해설해 놓으신 도연명의 〈도화원기〉 해설을 읽었다. 우리나라에 한시에 조예가 깊은 분들이 이렇게 많은지 놀랐다. 여러 자료를 읽었는데, 그 분들 덕분에 어려운 한시를 옥편 많이 안 찾아보고 쉽게 읽을 수 있었으니, 우선 감사드린다. 한글 해석도 참 잘 하신 것 같다. 시를 한 구절 씩 읽으며, 내가 규정한 도원경의 '화안정신'과 역시 내가 만든 '무릉정신'을 결합시키면서, 중국 무릉과 한국 무릉을 두루 살펴보기로 한다.

晉太元中, 武陵人捕魚爲業, 緣溪行, 忘路之遠近
(진태원중, 무릉인포어위업, 연계행, 망로지원근)

시가 쓰여진 때는 서기 400년 경, 중국 *진(晉)나라(진(晉)나라는 진시황의 秦나라보다 600년 후 나라임)의 '무릉'이라는 곳에 사는 한 어부가 배를 타고 강을 거슬러 올라간다.

시가 시작되자마자 '무릉'이 나온다. 내 고향 이름과 똑같은 지명이 나와 무척 반가웠다. 아마도 여기서 내 고향 동네 이름이 생긴 것, 어원이 여기다 라는 생각이 들었다.

그런데 노를 저어가던 어부는 돌연 길을 잃는다. 얼마나 멀리 왔는지 모른다고 썼다.

시작부터 시인께는 죄송한 말씀이지만, 난 이 대목에서 뭔가 이상하다는 생각이 들었다. 고기잡이가 직업인 어부가 수십 년 간 그 동네에 살면서, 그 물길에는 누구보다 질나이(숙련가)일 텐데, 길을 잃는다? 이상하지 않나?

그래, 그 의심이 이상한 게 맞더라. 알고 봤더니 그게 이 시에서 '판타지(허상 세계)'의 시작이었거든. 어부는 갑자기 왜 길을 잃었을까?

내 고향 '무릉동'과 이웃 '도원동' 이름은 누가 지었건 이 시에서 따온 것 아닐까?

그만큼 〈도화원기〉는 오래된 것이고, 역사·문화적으로 우리와 중국이 가까웠기 때문이리라. 그게 지리적 이웃이니까 가까운 건 당연하지만, 중국 동북부의 너른 땅에 살던 '1만 년 역사를 지닌 동이족, 고조선이 우리 조상'으로, 중국에 많은 영향을 끼쳤기 때문은 아닐까?

우리 동네 말고도 한국에는 무릉 또는 무릉도원이라는 지명은 수태빠졌사(숱해).

몇 년 전에는 강원도 영월군에 무릉도원면이 새로 생겨 무릉리와 도원리도 태어났다. 경치만 좀 좋으면 무릉도원이라 부른다.

여하튼 도연명 시인의 〈도화원기〉에서 '무릉'은 과연 어떻게 쓰였고, 어떤 역할을 했을까?

武陵人捕魚爲業(무릉 사람 어부)
단지 이것 뿐 시를 유심히 살펴 봤지만, 무릉은 그냥 동네 이름일 뿐, 그것 말고는 시가 끝날 때까지 두 번도 사용하지 않아 기대가 빵빵했다가 "피이~" 바람 빠진 풍선이 되었다.

나는 시인이 〈도화원기〉를 읊은 때보다 약 600년 전에 장가계에 '무릉'이라는 동네가 실제로 있었다고 믿는다. 이 믿음은 이 글에서는 참 중요하다. 왜?

이 시가 세상에 나오기 오래 전에 무릉원 장가계의 영웅 장량 선생과 토가족(土家族), 즉 무릉인들의 '장엄한 삶'이 거기 있었으니, 역사상 유명한 시인이 그 이야기를 모를 리 없고, 그러니 시에는 안 썼더라도, 예책없이(틀림없이) 그 사실을 염두에 두고 쓰셨다고 믿기 때문이다. 염두에 두었지만 '특별한 의도'를 가지고 일부러 누락시켰다. 단지 도화원의 평화를 누리는 모습만 보여주면서, 독자들에게 "어타(어떻게) 해야 '진정한' 평화를 누릴 수 있나?"를 유추해 보라고 쓴 시라 이거지.

헌데 무슨 상관이라고, 내가 갑자기 장량 선생을 요새 말로 '소환'한 것일까?

마치 삼척 말로 할미홍청(채홍사가 늙은 할머니를 임금의 여자로 뽑아 올림)하는 것 같이 생뚱맞게 장량 선생을 언급하는 이유는 이렇다.

어부가 사는 마을 이름은 무릉이고, 지금 중국에 가면 실제로 장가계市 일부에 무릉원(武陵源)이 있다. 무릉은 도연명 시인보다 무려 600년 전에 활동하신 장량 선생의 '힘(武)과 지략(智略)의 땅'이다.

유명한 '초한지'의 탁월한 전략가 장량 선생, 삼국지의 유비에게 제갈량이 있는 것처럼, 초한지 유방에게는 장량이 있었다.

장량의 지혜와 힘으로 쟁취한 평화와 행복을 누린 진정한 평화의 땅이 무릉인데, 〈도화원기〉는 정반대로 전쟁을 피해 숨어 사는 '도화원' 사람들의 모습을, '무릉' 어부가 잠시 들어가 본 내용을 썼어요.

세상의 독자들은 도화원의 평화를 유토피아로 생각한다. 나는 감히 그건 잘못이라 생각한다.

내 생각에는 그건 '눈치를 보는 평화'일 뿐이다. 내 의견을 섭섭하게 여길 분들이 계실지 모르나, 시인은 독자들로 하여금 '힘으로 확실하게 누리는 평화와의 차이를 찾아내게 하려고', 역설적으로 이 시를 쓴거다. 나의 이 주장에 많은 분들이 "大시인의 뜻을 함부로 해석하나?"라며 노여워 할지 모르나, 그 분들은 무릉동 출신이 아니니 당연히 그럴만하다.

내 고향 무릉동은 내 어릴 때 이미 쇠락했지만, 오랜 옛날에는 경관이 빼어난 곳으로 소문났고, 동네가 땅은 작아도 '큰마을'이라 불렸으니 무릉에는 "꼭 뭔가 있다"고 믿었다.

동네 3면을 감싸고 도는 거랑(개울) 무릉천(川)과 세 개의 깊은 쏙(소沼), 거랑을 따라 조성된 아름드리 수백 그루 방풍림과 우거진 수풀, 아담한 38가구 마을은 안동 하회마을의 축소판이라 할 수 있었어.

태백산맥 허리에서 동쪽으로 벋은 능선 몇 개를 끼고, '우발리'와 '깎은재'에서 물줄기를 발원하여 합친 다음, 교곡-도원-무릉-옥계-시동-덕산을 거쳐 바다로 내려간다.

그 거랑 이름이 다름아닌 무릉천이다. 무릉천은 재동과 시동 쪽에서 오는 큰 강물 마읍천과 만나고, 그 후 다시 맹방 쪽에서 오는 소한천과 만나 셋이 함께 동해로 나아간다.

난 우리 동네가 큰마을로 불린 것에 자부심을 갖고 있다. 내가 '큰' 것에 연연한다고 지적할 수 있겠지만, 나도 전체주의같은 것은 싫어해요. 하지만 세상을 살아보면, 나라가 크고 강한 것은 진싱이(바보)처럼 약한 것보다는 백 배 천 배 좋다는 걸 알 수 있지.

그 대표적인 게 고구려다. 그 중에서도 광개토대왕님은 우리의 자부심이다. 그런데 알고보면 고구려 이전에 이미 거기에 단군조선과 고조선이 있어서 중국이 무서워하며 만리장성을 쌓았고, 장성 동북의 나머지 광활한 영토는 거의 다 강대한 동이족 우리 선조의 땅이었다. 그것을 왜정 때 5천 년 한민족 역사 중 3천 년을 싹둑 잘라버렸다.

나는 무릉동 출신이라서 평소에 무릉이라는 이름에는 분명 '뭔가 있는' 것으로 믿었다. 전설도 확실히 믿고, 무릉 부흥도 틀림없이 성공시킬 수 있다고 믿었다.

깊은 뜻? 전설? 무릉 부흥? 차차 그에 대해서 얘기하겠지만, 아무튼 이 세 가지를 다 확신하는 이유는 어려서 들었던 전설, 실존했던 많은 기와집들, 아름다웠던 마을 풍치, 이런 것들을 종합하니 그렇다는 거야.

이렇게 무릉도원기는 우선 한국 무릉동이 1600년 전 〈도화원기〉에 나오는 무릉과 똑같은 이름을 사용한 것에 연결고리가 걸려 있다.

그것이 지금으로부터 약 2200년 전 장량 선생의 무릉 상황과 약 200여 년 전에 우리 큰마을 무릉도 강성했던 동네 '세력'이 일맥상통한다는 점, 즉 '힘'과 '지략'을 바탕으로 하는 '무릉정신'이 두 나라 무릉의 공통분모라는 걸 말하고 싶어.

그래. 그 어부가 뱃길을 잃고 나서 어떻게 되었는지, 다시 강으로 가보자.

忽逢桃花林, 夾岸數百步, 中無雜樹, 芳草鮮美

(홀봉도화림, 협안수백보, 중무잡수, 방초선미)

어부는 뱃길을 분간하지 못하는데다, 평소에 못보던 복상(복숭아)꽃 아름다운 풍경이 각중에(졸지에) 강 양편에 수백 보나 이어지고, 잡목도 없이 싱그러운 풀은 향기가 나고 아름다웠으니, 무척이나 황홀했을 것이다.

落英繽紛, 漁人甚異之, 復前行, 欲窮其林

(낙영빈분, 어인심이지, 복전행, 욕궁기림)

강물에는 띄엄띄엄 복숭아 꽃잎도 떠내려 오고, 강 양 편에 펼쳐진, 생전 처음 보는 분홍색 복숭아꽃 아름다운 경치에 정신이 팔린 어부는 계속 앞으로 저어 나가면서 "저 상류엔 도무지 무엇이 있을까?"라고 생각했겠지. 아무렴 내가 그 어부라 해도 안 그랬겠사?(그랬겠어?).

林盡水源, 便得一山, 山有小口, 髣髴若有光

(임진수원, 변득일산, 산유소구, 방불약유광)

노를 저어 가보니, 복숭아 꽃나무 긴~ 화원이 끝나는 지점이 바로 강물의 시작점이다.

지금까지 이 부근에 살면서 한 번도 와보지 못한 새로운 풍광에 놀라워 하는 중에, 거기 웬 산이 하나 뵈키는데(보이는데), 거기 작은 구영(구멍)이 하나 나있고, 그 안에서 마치 빛이 새어 나오는 것 같은 느낌이 들었단다. 어부의 궁금증은 더해만 갔을 터.

便捨船從口入, 初極狹, 纔通人, 復行數十步, 豁然開朗
(변사선종구입, 초극협, 재통인, 복행수십보, 활연개랑)

어부는 강가에 배를 매어 두고 그 구멍 안으로 들어간다. 너무 소잡아사(좁아서) 몸을 씨대면서(심하게 마찰하면서) 겨우 들어가 수십 보를 나아가니, 웬걸! 갑자기 거기 너른 땅이 펼쳐져 있었다. 얼마나 놀랐겠어? 어타돼사(어찌되어) 그런 곳에 눈이 확 뜨이는 넓은 땅이라니!

여기서 나는 또 약간 의문을 가졌다. 고향 무릉과 연결하여 뭔가 찾으려니 수사관처럼 신경이 곤두세워졌던 거야.

"왜? 뭘 숨기려고 사람들이 으슥한 이런 데 살아? 떳떳하게 산다면 왜 동네 입구가 이렇게 비밀스럽게 좁아야 하는데?". 그런 의문이 들었다.

土地平曠, 屋舍儼然, 有良田, 美池, 桑竹之屬, 阡陌交通, 雞犬相聞(토지평광, 옥사엄연, 유량전, 미지, 상죽지속, 천맥교통, 계견상문)

땅은 넓고 기름지고, 집도 잘 지었고, 연못도 아름다운 마을이 거기 있었다. 뽕나무와 대나무가 우거졌다고 했는데, '뽕' 하면, 누에-번데기-명주실-비단-뽕잎 장아찌-오디-오디 술-상황버섯(휴우~ 많기도 하네!) 아니던가? 그리고 대 죽(竹)하면, 죽순-광주리-다리끼(대로 짜서 만든 농기구)-돗자리-대쪽같은 절개-10년 만에 피는 꽃-대나무 열매를 먹고 사는 봉황새가 떠오르지 아니하던가?

사방으로 길이 잘 나있고 꼬꼬 닭과 워리(똥개) 짖는 소리도 들리는

평화로운 마을. "꼬꼬~오. 멍멍!". 이 동네는 어쩜 내 고향 무릉하고
이리도 해빈한지(닮았는지), 깜짝 놀랐다.

其中往來種作　男女衣着　悉如外人 黃髮垂髫 竝怡然自樂

(기중왕래종작, 남녀의착, 실여외인, 황발수초, 병이연자락)

　사람들이 씨 뿌리며 오가는 모습이 보이고, 남녀가 입은 옷은 어부
자신이 입은 것과 똑같고, 머리가 누런 노인과 더벅머리 아이들이 함
께 즐거이 놀고 있더라.

　전형적인 시골 마을을 묘사한다. 판타지 마을인데, 사람 사는 모습
은 꼭 내 고향 같다. 누런 머리 노인과 더벅머리 아이들이 함께 즐겁
게 살고 있었다는 대목에서, 내게는 70여 년 전 무릉동에 사시던 우리
할바이(할아버지)와 할바이 친구분들과의 일들이 아련히 떠오른다.

　난 어릴 때부터 객지에
나간 부모형제와 떨어져 중
학교 졸업 때까지 조부모님
과 함께 살았지. 그러니 자
연적으로 할아버지 친구분
들하고 아주 가까이 지냈으
니, 또래들과 어울리는 만
큼이나 할아버지들과도 많
이 어울렸다.

　우린 설날이면 친척 대
소댁이 다 모여 차례를 지
내고, 애들은 곧바로 삼삼

그림: 꽃 밭. 김예아 7세

오오 모여 동네 할아버지들께 세배하러 다녔어. 그러고보니 내가 어릴 때 좋은 곳에서 살았던 거 아닌가?

見漁人乃大驚, 問所從來, 具答之, 便要還家, 設酒殺雞作食
(견어인내대경, 문소종래, 구답지, 변요환가, 설주살계작식)

어부를 발견한 사람이 소스라치게 놀라면서, 어디서 왔는가 경계하 듯 물었겠지? 어부는 또 얼마나 놀랐을까?

여차 저차, 묻는 대로 상세하게 대답했겠다. 그러자 그 사람은 어부를, 동네 촌장댁도 아닌, 자기 집으로 초대하여 술상 차리고 닭을 잡아 음식을 대접했다. 그렇게 동네가 격식이랄까 그런 것도 없이 자유롭고 인심이 후했다.

村中聞有此人, 咸來問訊, 自云, 先世避秦時亂, 率妻子邑人, 來此絕境(촌중문유차인, 함래문신, 자운, 선세피진시란, 솔처자읍인, 내차절경)

마을에서는 "어떤 '외계인'이 나타났다"는 소문이 쫙 퍼졌을 것이고, 그 소문에 많이들 모여들어 이것저것 물었겠다. 그러면서 어떤 이가 설명한다.

"선대 조상들이 진시황 진(秦)나라 때 전란을 피해 처자식들과 고을 사람들을 데리고 이곳으로 들어왔는데, 세월이 많이 흘러 그만 세상과는 연이 끊어지게 되었다"고.

이 대목에서 마을 원로나 촌장쯤 되는 분이 등장하는 게 보통인데, "여긴 그렇지 않다"고, 인터넷에서 어느 분이 지적했더군.

不復出焉, 遂與外人間隔, 問今是何世, 乃不知有漢, 無論魏晉

(불복출언, 수여외인간격, 문금시하세, 내부지유한, 무론위진)

　　마을 사람들은 다시는 동굴 밖으로 나가지 않았고, 세월이 흐르니 수백 년 세월에 결국은 외부 세계와 단절되었다 했다. 그러면서 그들은 "지금이 어느 시대냐?"고 물었는데, 위(魏)나라, 진(晉)나라는 물론이고, 한(漢)나라가 있었다는 사실도 모르고 있었다. 그러니 한나라 이전, 진(秦)나라 때 들어온 사람들의 후손이 맞기는 맞네.

此人一一爲具言所聞, 皆歎惋, 餘人各復延至其家, 皆出酒食

(차인일일위구언소문, 개탄완, 여인각복연지기가, 개출주식)

　　어부는 그들이 묻는 말에 일일이 대답해주니 사람들 모두 탄식하듯 놀라는 모습이었다. 다른 사람들도 어부를 자기들 집으로 초대하여 술과 음식을 내어 잘 대접해 주었다.

停數日辭去, 此中人語云, "不足爲外人道也"

(정수일사거, 차중인어운, 부족위외인도야)

　　그렇게 며칠간 잘 지내다 이제 작별인사를 하는데, 마을 사람 한 명이 말했다.

　　"여기 왔던 일은 다른 사람들에게 얘기 하지 마세요".

　　그들은 왜 자신들의 존재를 누구에게 말하지 말라고 했을까? 무엇이 두려웠던 것일까?

　　원문 그대로 해석한다면, 관아에 들켜서 관군이 공격해 오면, 자자손손 누려 온 평화로운 삶이 깨질까 봐 불안했던 것일 게다.

허나 내 해석은 많이 다르다.

"그렇기 때문에 남의 눈치 안 보는 진정한 평화의 길이 무엇인지, 독자들이 그 방법을 잘 생각해 보라"는 것을, 도연명 시인이 우회적으로 표현한 것이라고 나는 생각한다. 그분은 중국 역사에서도 손꼽히는 훌륭한 시인인데 "세상살이 어려우니, 어디 그냥 도망이라도 가서 숨어서라도 가솔들이 행복하게 살기만 하면 장땡"이라는 식으로 말씀하실 분인가 말이다.

아무튼 어부는 그 자리에서는 "암요. 말하지 않겠습니다"라고 찰떡같이 대답했겠지만, 사람이 과연 그런가. 어부는 어떻게 하는지 두고 보자.

旣出得其船, 便扶向路, 處處誌之, 及郡下, 詣太守, 說如此

(기출득기선, 변부향로, 처처지지, 급군하, 예태수, 설여차)

이윽고 작별인사를 마친 어부는 동굴같은 그 통로를 빠져 나왔고, 타고 왔던 배를 찾아, 들어왔던 길을 따라 돌아오며, 머지않아 반드시 다시 찾아 올 것을 염두에 두고, 곳곳에 표시를 남겨두었다. 그러고는 군(郡)에 도착하자마자 곧바로 태수를 찾아가, 여차저차한 일이 있었다고 고해 버렸다.

太守卽遣人隨其往, 尋向所誌, 遂迷不復得路,

(태수즉견인수기왕, 심향소지, 수미불복득로)

태수도 엄청 놀랐겠지. 바로 사람을 보내 어부가 갔던 길을 따라가, 그가 표시해 두었다는 곳을 찾도록 했지만, 어떤 표지물도 찾지 못하고, 끝내 그 길을 찾지 못했다.

어부가 그 마을 사람들과의 약속을 어기고 관가에 고한 것은, 입이 싼(가벼운) 때문도 아니고, 고자질을 했다고 보기도 어려운 것이, 그게 어디 말 안하고 배길 일인가?

너무도 엄청난 일이기도 하지만, 한편 생각하면 황당하기도 한 사건이 아니더냐! 그래서 알렸고, 되돌아 가 찾으려 했지만, 찾을 수는 없었다.

신선이 사는 곳은 원래부터 사람 눈에는 안 보입니다요. 그곳은 그런 곳이었던 것이지요.

사바 세계(현실) 바로 옆에 사바하 세계(극락)가 있어도 우리 인간은 그걸 볼 수가 없다네요. 안 그러면 신선 세계가 아니지요.

南陽劉子驥高尙士也, 聞之欣然欲往, 未果, 尋病終, 後遂無問津者(남양유자기고상사야, 문지흔연욕왕, 미과, 심병종, 후수무문진자)

남양에 사는 '유자기'라는 고명하신 분이 그 소문을 듣고 무릉으로 찾아와서, 몸소 기꺼이 그곳을 탐사하러 나섰지만, 목적을 이루지 못하고, 안타깝게도 병들어 죽었다. 그 후로 그 뱃길을 찾는 사람은 다시 없었다.

이상으로 이 서문은 〈도화원기〉 시의 '줄거리'를 쓴 글이다. 뭔 영신(영문)도 모르고 어부가 뱃길을 잃는 순간부터, 귀가 길에 곳곳에 표지를 해 두고 오는 것까지 판타지 세계가 펼쳐졌다.

다시 현실 세계 무릉으로 돌아왔는데, 관아에 사실을 고하니, 관청에서는 너무도 놀라운 얘기에 바로 사람을 보내 그곳을 찾으려 애쓰나, 이유를 모르게 찾지 못한다. 즉, 어부가 남겨둔 표지도 찾지 못하는 것은 두 번째 판타지였다.

그런 소식을 듣고 그곳을 탐사하려던 모험심이 강한 '유자기'는 목적을 달성하지 못하고, 원인 모르는 병에 걸려 죽는 판타지가 모두 세 번 사마(씩이나) 일어난다.

뭔가 모를 이상한 분위기가 감돌지 않는가?

'〈도화원기〉 서문'의 해설은 일단 끝났다. 그런데 읽고 나니 뭔가 이상하다. 원천적 의문이 생겨버렸다.

사람이 연애하다가 둘 사이에 묘한 감정 문제가 생기면, "자기에게 난 뭐야?"라고 묻는 것처럼, 내가 질문하고 싶어졌다. "〈도화원기〉에서 '무릉'은 뭐야?"

이 시에서는 무릉은 어떤 곳인지 설명이 없다. 경치 좋은 곳이라는 설명도 없고―평화로운 마을과도 상관 없고―후덕한 마음씨 그런 것과도 관계 없고―그런 것에 기여한 바도 없다는 게 백일하에 드러났다.

단지 어부가 사는 마을이라는 이유 하나로, '무릉도원' 사자성어에 포함된 무릉이라고? 암만 생각해도 그건 아닌 것 같다. 무릉 출신인 나의 자존심이 상한다.

무릉이 큰 의미를 가진 지명인 줄 알았다가, 서문을 읽고 그만 크게 실망했다. 그런데 실망할수록 의문은 더 깊어만 가니 이를 어째?

⟨도화원기⟩ '도화원시 병기'

桃花源詩幷記(도화원시병기)

嬴氏亂天紀, 賢者避其世, 黃綺之商山, 伊人亦云逝, 往跡浸復 湮, 來徑遂蕪廢(영씨난천기, 현자피기세, 황기지상산, 이인역운서, 왕적침 복인 내경수무폐)

詩의 배경은 영씨, 즉 진나라 황제 15년 간 집권 시기다. 천하 통일 15년 후 진나라는 망한다.

전쟁과 폭정으로 인해 사람들은 억울하게 부역에 끌려 나가고, 목숨도 많이 잃었다. 참혹한 전란과 가족의 생이별은 어느 시대건 누구건 왜 싫어하지 않겠나?

당시에 상산사호(商山四皓)라는 존경받는 네 어른이 계셨는데, 그 중 기리계(綺里季)와 하황공(夏黃公)까지도 상산에 피신해서 숨었단다. 전란이 하도 심하니 어진 사람들까지도 현실을 도피한 거야.

도망하는 것이 능사였던 그 때 사회는 오랜 전쟁으로 살기(殺氣)가 만연하여 살기가 몹시 힘든 시기였음에 틀림 없어.

도화원 사람들도 그런 시기에 여기로 들어왔고, 이후 그 자손들도 다시 밖으로 나가지 않으니 들어왔던 길은 흔적이 없어졌다는 거지. 하기야 그게 무려 600여 년이나 지났으니 당연히 그렇겠지. 개구리 튀는 식의 갑작스런 비약이지만, 이 상황은 내겐 "평화로운 이상향이 절실하다"는 뜻으로 들려.

相命肆農耕, 日入從所憩, 桑竹垂餘蔭, 菽稷隨時藝, 春蠶收長絲, 秋熟靡王稅(상명사농경, 일입종소게, 상죽수여음, 숙직수시예, 춘잠수장사, 추숙미왕세)

사람들은 서로 독려하며 농사짓고, 저녁이면 편히 쉰다. 이 동네에 뽕과 대나무가 많고, 콩과 서속을 많이 심었다 하니 어쩌면 내 고향 무릉과 이 동네는 이리도 비슷할까? 무논 한 자리 없는 것까지 말이다. 일년 내내 월동추-분추(부추)-근대-광쟁이(강낭콩)-외-호박-박(고지)-콩-차조-매조-때끼지(수수)-옥디끼(옥수수)-감재(감자)-고추-무꾸(무우)-배추-마늘-보리 등 철따라 밭작물을 키웠다.

때끼지 대궁이는 장난감 만들기 재료로 쓰고, 수수 알 털고 난 대궁이 수꾸대비는 대충 엮어서 정랑(변소)의 바람막이 '발'로 썼다.

수수 이름이 나와서 말인데, 그 시절 우리처럼 가난한 집을 '수꾸대비 집안'이라 불렀다. 엉기성기 바람이 막 새는 바람막이 같다는 뜻이지. 그런 가운데, 우리 6남매는 그 엉성한 수꾸대비를 '수구대비(秀究大飛)'처럼 바꿔 이루리라 각오했는데, '우수함을 탐구하여 크게 날자'는 야망으로 집안을 일으키려고 똘똘 뭉쳐 형제가 밀고 끌며 살았다.

여름 보리 마딩이(타작) 때는 콩죽같은 땀이 나고, 까끄래기(보리 수염) 때문에 무척 까끄러웠다(따가웠다). 동네에 논이 없으니 딴 동네에 논을 가진 친척이 가을에 벼를 베어 오면 '와랑와랑' 소리나는 원통형 일제 탈곡기를 발로 밟으며 탈곡을 했지.

일을 도와주면 그 점심은 그 때 너무나도 귀하던 '이밥(쌀밥)'이니, 솔직히 말하면 그 맛에 일손 기꺼이 도와드리기도 했어.

추숙미왕세(秋熟靡王稅)는 정말 이채로워. 사람이 집단으로 살면서 세금을 안 내다니. 조그만 다가구 주택도 얼마간 관리비라는 걸 내는데, 이 동네는 마치 '분가한 자식들이 한 집에 같이 사는 것처럼' 그렇게 무료로 살았거나 마을 공동체에 따로 우두머리가 없거나 있더라도 살기가 원체 넉넉하니 세금을 안 받아도 아무 문제 없는 상황이거나…. 도연명 시인은 그런 세상을 꿈꾸시고, 선비들에게 이상향의 표본으로 보여주신 거 같은데….

荒路曖交通, 雞犬互鳴吠(황로애교통, 계견호명폐)

"험한 곳에도 희미한 길이 트였다"는 것은 사람과 우마차의 통행이 많기 때문이니, 역시 사람 사는 마을에는 길이 잘 만들어져야 해.

닭과 개가 우짖으며 뛰노니, 달걀도 얻고 닭고기도 먹었을 터. 넓고 비옥한 땅이니 생활은 넉넉했을 거고, 사람과 가축이 평화롭게 오랜 유대를 이룬 것은 그 때나 지금이나 좋은 일.

우리 어릴 때 똥개를 보면, 다들 "워리 워리!"라면서 가까이 오라고 불렀지.

俎豆猶古法(조두유고법)

제사도 여전히 옛 법 대로라 하니, 이 것도 우리 고향과 똑같다. 한(漢)나라를 세운 유방은 공자의 유교를 '국가 통치 이념'으로 세웠다.

이들은 漢 개국 이전인 진(秦)나라 때 도화원에 들어왔지만, 그 무렵 제사 지내는 풍습이 600년 동안 도화원에 고스란히 전해 내려왔다. 우리도 조선 개국 때 유교가 들어와 지금도 유지하고 있으니, 고향 근덕 무릉과는 제사 풍습이 똑같다.

衣裳無新制(의상무신제)

도화원에 사람이 들어온 지 오래되었지만, 옷 모양은 새 것을 따르지 않고 옛 것 그대로다. 뭔가 삶의 변화도 필요 없고, 그저 평화롭게, 그저 만사 만족하면서 산 것이지. 사람 사는 세상에 수백 년 간 변화가 없다네.

이것도 내 생각과는 너무 다르다. 사람이란 창의성이 있기 마련인데, 6백 년 간 변치 않는 '식물 본능'같은 문명 정지상태, 무한 반복의 사회 공동체는 어떤 경지인지, 그게 어떻게 가능한지 정말로 난 모르겠다.

아무튼 수백 년 간 의상에 변화가 없다는 것에 대해서는 그렇게도 불편함이 없었던 건지, 뭔가 매우 부자연스럽다는 생각이 든다.

童孺縱行歌(동유종행가)

어린이들이 길에서 마음껏 노래했다네. 우리 동네 아이들도 활발히 뛰어다니며 살았다. 어떤 애는 초등학교 들어갈 무렵에도 맨 발에다 주왜(바지)는 커녕 빤수(팬티)도 없이 본전(남성)을 다 들래놓기도(드러내기도) 했어.

식구는 많지, 오죽 어렵게 살았으면 그랬을까? 그때야 뭐 사람들

대부분 행색이 추리하고(남루하고) 꺼줄했다(허름했다).

어린 아이가 철모를 써서(포경 아님) 보기에 좀 그랬지. 요즘은 어릴 때 일부러 일부러 포경 수술을 시킨다지만. 그래도 행굿잖거나(성질이 고약하거나) 개파리(불한당) 같은 애는 하나도 없었어. 다들 심성이 고왔지.

겨울방학에는 동네 '골안'(지금 무릉동에서 이 지명을 아는 사람 얼마나 될지 모른다)에 있는 비탈진 눈 밭에서 스키를 탔고, 하맹방 넓은 논에 원정가서 시겐또(스케이트) 타고, 가오리 연 날리고, 상(향)나무로 깎아 만든 팽이 치고, 공기놀이, 다마(구슬)치기, 빨쭈(딱지), 메띠기(자치기)…. 인터넷 공중사진을 보니, 골안 그 밭은 묵밭이 되었는지, 나무밭인지, 온통 초록 일색.

낮엔 그렇고, 가설라무래(에~또), 밤에는 우리가 뭘 하고 놀았냐 하면 주로 민화토(민화투)를 쳤어. 애들이 무슨 화투냐고 펄쩍뛰겠지만, 우리는 화투를 자주 쳤고, 민화투니 록뺘꾸(600점 먼저 나기)니 그런 걸 했는데, 산수공부에도 도움이 되었다.

시야(형)들은 도리 짓고땡이를 쳤지. 이판장(2,8,10), 심심사(3,3,4), 삼칠장(3,7,10), 쌔륙장(4,6,10), 꼬꼬장(5,5,10), 오륙구(5,6,9), 쭉쭉팔(6,6,8) 그런 공식이 있으니 머리 좋고 나쁘고 없이 다 잘했어. 화투 석 장으로 10이나 20이 되게 만들고, 나머지 두 장으로 끗발 싸움하는 화투의 핵심기술은 눈치 싸움에 배짱 싸움에, 머리를 많이 써야 하는 것 같았어. 화투를 자주 치니 마흔 여덟 장 쑤리는(섞다) 기술도 발달했고, 척척척척 빨리 농굿는(나누는) 기술도 잘 익혀서, 어른이 된 후에 '고스톱' 치는데 많은 도움이 되었어. 요즘으로 치면 달부(거의) 수학 학원 과외였지 뭐.

班白歡游詣(반백환유예)

　머리가 흰 노인들은 서로 즐겁게 찾아다닌다. 우리 할아버지지들이 딱 그랬다. 할아버지들은 저녁이면 이웃집에 모여서 골패(骨牌. 놀이 도구의 하나)도 하시고, 놋쇠 재떨이에 긴 담배꼬가리(담배통)를 땅땅! 때려 재를 떨면서 얘기를 나누셨어. 한가할 때는 직접 기른 마른 담배 잎을 썰거나, 긴 담뱃대 속에 길고 가는 볏짚 하나를 넣어 그 안에 낀 니코틴을 빼냈는데, 냄새가 지독했다. '골안 밭'에 우리 담배밭이 있었다. 할아버지가 거동을 못하시면서 농사지을 건강도 안 되고, 또 훗날 '봉초'가 시판되면서 담배는 안 키우게 되었다.

　할바이가 70세 전후 어느 겨울 저녁, 장죽을 들고 이웃집에 마실가시다가 고마(그만) 고샅 빙판에 넘어져 다치신 후 바깥출입을 못하게 되셨어. 지금 같으면 병원에 가서 고칠 수 있었을 텐데, 그 때는 꼼짝없이 누워 지내셨지. 그로부터 할아버지들 모임은 우리 집으로 바뀌었다. 봄가을은 날씨가 좋으니, 너댓 분 할아버지들이 모이셨는데, 그분들 중에는 우리 형제들 이름을 지어주신 마을 훈장님도 계셨다.

　저~개(에~ 또), 내 어릴 때는 이따금 '독고' 아부지 구장님이 고담(古談)책을 가져와 할아버지들에게 읽어 주셨고, 내가 좀 큰 후엔 내가 읽어드렸다. 그게 요즘의 독서클럽같은. 그래서 다들 유식하셨어. 고담은 한지에 한글 활자로 찍은 것으로, 어법이 옛날 방식이라 읽기가 쉽진 않았지만 떠듬떠듬 읽다 보니 조금씩 익숙해지더라. 다 세종대왕님 한글 보급 덕분이야.

　지금도 그게 남아있다면 귀한 책이 되겠지만, 차츰 신식 책이 많이 보급되면서 옛 것은 모두 찢어 연을 만들거나, 정랑에서 마카(모두)휴지로 쓰였지.

고담은 우리 집에도 몇 권 있었어. 지금도 기억나는 책 이름은 『임경업 전』.

야중에(나중에) 더 커서, 5학년 때는 우리 동네 제일 부잣집 마음씨 넓고 잘 생긴 정남 형한테 퇴치미(목침)만큼 두꺼운 '동화책'을 빌려다가 그걸 읽고 다 외우다시피 하여, 할아버지들한테도 들려드리고, 학교 합반(合班) 자습 시간에 앞에 나가 책에서 읽은 동화를 들려줬지.

그 땐 다들 떠들지도 않고, 엄청 좋아하며 들어 놓고서는, 요즘 그 얘기하면 기억하지 못한다네. "이 씨! 다들 오망이 들랬나(치매에 걸렸나)?" 그건 아닐 건데. 하긴 뭐 이 나이 되면 어제 먼제(그제) 얘기한 것도 잊어버리는 판이니 뭐(허허).

草榮識節和, 木衰知風厲, 雖無紀歷志, 四時自成歲(초영식절화, 목쇠지풍려, 수무기력지, 사시자성세)

사람들이 수백 년 동안 달력도 없이, 세월 가는 감각도 무디게 산대. 그건 생활이 안락하고 풍족하며, 처자식 먹여 살리는데 애로가 없었고, 무엇보다 높은 자리에 올라 가려고 누구와 피터지게 경쟁하거나, 더 많이 차지하려고 다툴 일이 없는 세상이라서 그랬을 것 같네.

오죽하면 달력이라는 것도 없이, 그저 자연히 풀이 나고—자라고—시드는 것을 보고 계절을 알았다 하겠어? 자연현상이야 누구든 알 수 있는 거지만, 그래도 달력 비슷한 '책력'같은 것이라도 필요했을 텐데? 그래서 자연적으로 뭔가는 생겨났을 만 한데….

이상해, 그런 세상이 과연 가능할까? 난 도저히 이해하지 못하는 대목이다. 아님, 아예 불가능하다고, 그림의 떡 공염불의 Ideal Idea는 아닐 거고. 허허.

**怡然有餘樂, 于何勞智慧, 奇蹤隱五百, 一朝敞神界, 淳薄旣異源,
旋復還幽蔽**(이연유여락, 우하노지혜! 기종은오백, 일조창신계, 순박기이원,
선복환유폐)

사람들의 얼굴 표정이 여유 있고 '기쁜 낯'으로 지낸다. 실제로 그
렇게 산다는 건 인생사에서 참 좋은 의미가 있다. 밝은 마음이 있어야
얼굴에 밝은 빛이 나타나기 때문이지.

사람으로 태어나서, 잘 웃고 밝은 얼굴 하는 거, 그거 쉽지 않다.
우리 삶에서 얼굴 표정이 밝은 사람을 가까이 하면 특히 그런 사람을
배우자로 만나면, 이를 '인생 행운'이라 해야 할 정도로 복받은 거다.

시인은 또한 우하노지혜(于何勞智慧)라 하여, 잔머리 굴리지 않아도
되는 곳이라 했으니, 그래서 여기가 유토피아 지상낙원이라 부르는
것 같다. 이 구절은 도화원시병기 내용 중 아주 중요한 부분이야.

한 녘으로 생각하면(달리 생각하면), 어릴 때는 책임이라는 게 없으
니 이해타산을 모르던 시절 아닌가. 그렇게 누가 나를 갈구지도(괴롭
히지도) 않고, 쭈굴시럽게(가난하게) 살긴 해도 별로 그런 줄도 모르고
평화롭던 고향, 그 때 그곳이 어쩜 낙원인 것 같다.

이래 보이까네(보니까), 도원경 신선 세계와 인간 세계는 원래 인정
의 순박과 야박의 차이가 있어 서로 통할 수가 없어서, 결국 신비한
도화원은 잠시 나타났다가, 도로 숨어버렸다.

무릉 어부를 위시한 속세 사람들이 인정머리 없이 군 것을, 도화원

사람들이, 그 짧은 시간에 봤다는 것 같네. 아쉽네. 아쉬워.

그럼 혹시 반대로 '정말로 두터운 인정이 있으면' 서로 통할 수가 있으니, 도원경이 다시 나타나겠네? 그렇다면! 그렇다면!! 그렇다면!!!!

"국수 못하는 기(사람이) 안반(넓은 나무 판) 나물군다(탓하다)"고, 제 잘못을 남 탈기(탓)하지 않는 사람이 되어야 하고, 어려운 일에 처한 사람에게 인정스레 어깨를 다독이며 따뜻한 대화를 나눠야 하는데…. 내 살아보니, 조금만 내 기분에 안 맞으면 자연스레 좋은 말 안 하게 되더라고. 약간의 분위기 차이가, 약간의 기분 차이가, 본능적으로 사람을 나쁘게도 좋게도 만들더라. 이처럼 간사한 인정을 다스리기 그리 쉽지 않아.

시는 그야말로 사람 냄새나는 세상을 살아야 이상향이 되는 거라 했지. 어줍잖지만, 이런 세상을 내가 얼굴 표정이 환한(和顏) '화안(和安)정신'이라 부른 거야.

화안정신은 그야말로 도덕과 겸양 그리고 윤리의 나라라고 해야 하겠지? 이런 경지를 좋은 경치와 함께 '도원경'이라 불러야 하겠지?

借問游方士, 焉測塵囂外, 願言躡輕風, 高擧尋吾契
(차문유방사, 언측진효외, 원언섭경풍, 고거심오계)

시인은 선비들에게 "너희가 이상향을 알아?"라고 물으시는 것 같아. 그런데 시인은 이상향이 뭔지 잘 모르는 선비들에게 무엇을 어찌하라는 걸까?

"갈팡질팡 선비들은 이 풍진 속세를 버리고 떠나라!"라는 건가? 현실 도피해?

맞다. 그 땐 그랬다. 전쟁의 참화 없고, 안락한 세상을 찾으라고, 도피를 하더라도 적극적으로 하라고 했다. 시인은 선비들에게 이상향을 제시하면서 도망을 적극 부추기셨다. 그런데 이런 말이 〈도화원기〉에 나오다니, 듣는기 처음이다(난생 처음 듣는다). 이 부분은 오늘날 '정의란 무엇인가?'의 관점에서 보면 많이 이상하다.

나는 이 대목에서 또 시인과 '많이 다른' 생각을 했다. 작품에서는 분란의 속세를 피해 숨었으니 굳짜(이미 확보된) 평화를 얻은 것이지만, 누군가 동굴의 소재를 알고 쳐들어 온다면, 무방비 상태이니, 큰 일 날 수 있지 않을까?

그래서 나는 시와는 다르게 생각한다.
이미 평화를 확보하기는 했더라도, 그것을 계속 내 힘으로 지키고, 누가 어떤 찡자(트집잡기)를 붙더라도 내 힘으로 나를 지킬 수 있어야 하는 것이 진정한 평화라는 것이다.
그런 힘(武)을 갖춘 위에 사람들의 마음은 윤리와 도덕적이어서 상대를 존중하는 도원경같은 삶이 되면 참 좋겠지.
그런데 세금도 안 내고, 마을 지도자도 안 보이는 사회는 실제로는 형성되기도 어렵다.
사람 사는 곳에 세금 안 내고, 계층 없는 평등 세상은 이 세상에는 없다. 더구나 수백 년 간 달력도 없을 만큼 발전이라는 것이 없다면, 이건 이상한 거다.

〈도화원기〉에는 별 볼 일 없는 '무릉'

이렇게 〈도화원기〉 '서문'에 이어 '도화원시 병기' 해설도 다 끝났다. 시인께서는 구체적으로 그리고 원칙적으로, 사람이 취해야 하는 도리에 대해서, 그리고 구상하신 이상향의 모델을 일러주셨다. 그래도 이 시는 이상향이 될 수 있는 조건들을 충분히 갖췄으니, 세상 많은 사람들이 이상향이라 부르는 것이겠지?

그런데 우리는 시 말고도 두 가지 더 읽은 것이 있다.

첫째는 생활 풍습에서 판타지 마을 도화원과 삼척이 오랜 세월의 격차에도 불구하고 신기하게도 얼추(대강) 비슷하다는 거야. 어찌 이상향과 한국 농촌 풍경의 삶은 천 수백 년 동안 많은 부분에서 어쩌면 이리도 해빈한가(닮았는가)! 이건 대체 무엇을 시사하는 건가?

아마도 이상향이라고 뭐 톡밸란(특별한) 게 아니라는 말 아닐까?

둘째는 이 시를 전혀 다른 시각으로 한 번 봐 보자는 것.

그 흔한 농부도 아니고, 왜 하필 어부가 등장하는가?-하필 왜 여성을 상징하는 '배'를 타고-하필 왜 남성을 상징하는 노를 저어-그것도 복숭아 꽃 잎 띄엄띄엄 떠내려오는 물길을 거슬러 저어가다가-왜 길을 잃을 정도의 황홀경에 빠지는지-하필 생김새도 묘한 복숭아의 꽃 나무들인가? 신선이 먹는 과일 그 복사꽃 만발한 강의 양안(兩岸)은 무엇을 상징하는지-꽃 향기에 취하여 신선놀음하는 듯한데 - 그 물줄기의 시작점에 하필이면 딱 그 좁은 동굴 입구같은 데가 있고-그 안에서 뭔가 밝은 빛이 새어나오는 듯함은 무엇을 의미하는지-몸을 비비고 들어가다니!-거기 들어간 무릉 어부는 정자(精子) 아닐까?

잘 생각하면, 이 도원경 묘사 전체가 이상향이다. 그 이상향도 우리 인간들의 일상과 똑같으니, 그러니까 합환(合歡)같은 순간의 쾌락도, 행복도, 평화도, '사람이 깨닫기만 하면' 사방에 널려있는 것이니 이 이승이 바로 이상향이라는 은유 아닐까?

그런데 내게 중요한 것은 서문에서도 없었지만, 이 본문에도 무릉에 대한 설명이나 무릉의 역할은 없다는 사실.

"그렇다면 〈도화원기〉에서 '무릉'은 뭐지?"

혹시나 했다가 또 한 번 실망했다.

그래 어쩌겠어 없는 걸. 도연명 시인의 〈도화원기〉 시에는 아무튼 무릉은 딱 한 번 쓰였을 뿐이다. 결국 도연명 시인은 도원만을 읊으신 거지 무릉과 도원을 함께 읊은 건 아니었다.

그렇다면 무릉도원 사자성어를 만든 이는 뉘기며(누구며), 머(뭐) 할라고 만든 걸까?

아쉬움을 가지고, 이제부터는 일단 장가계를 살펴보러 가자. 거긴 뭐가 있는지.

장가계와 장량 선생

장가계-장량-무릉

천하절경(天下絶景), 절세기관(絶世奇觀) 무릉원 장가계. 내가 관광갔을 때 시내에는 '무릉원 장가계'라는 커다란 간판이 보였다. 무릉, 중국 무릉이 거기 있어서 한국 무릉 사람 나는 무척 놀랐다. 장가계(張家界) 관광은 한국인들이 꽉 잡고 있다. 널리 퍼진 얘기지만, 한일 월드컵 때 "짜잔짜잔짜"라는 다섯 박자 박수가 유행했는데, 그 후에 장가계 관광지 보봉호(寶峯湖) 유람선을 타고 가던 어떤 한국인이 갑자기 소리 높여 "짜잔짜잔짜"하면서 박수를 쳤단다. 웬걸? 여기 저기 많은 유람선에서 다 "짜잔짜잔짜"가 울려 나와 온 보봉호에 그 소리가 울려 퍼졌단다.

한국인들이 가장 많이 찾는 해외 여행지 중 하나가 장가계 무릉원. 거기 무릉이 있다. 나는 장가계를 수려한 경치와 함께 장량 선생의 삶을 배울 수 있는 '무릉정신'의 땅이라 결정했다.

장가계는 장량 선생이 일찍이 '무릉'이라는 지명을 세상에 남길만큼 뛰어난 지략으로 활동하신 땅이고, 어쩌면 그의 사후 600년에 도연명 시인이 〈도화원기〉를 쓰도록 준비해 두신 곳이 아닐까 생각된다.

인생-회사-국사에서는 나(라)를 지킬 힘을 갖도록 노력하고, 살기 위해 '목숨을 건 생존 노력'을 해야 함을 그리고 늘 백성을 위하는 마음, 권력을 탐하지 않는 겸손한 인격을 선생의 후반기 활동 무대인 무릉에서 잘 배울 수 있다.

선생이 돌아가신 후 장가계에는 일찌감치 '무릉'이라는 이름이 태어났을 거라는 순리적인 생각을 해 본다. 그러니까 도연명 시인이 태어나기 수백 년 전에 벌써 무릉이라는 이름이 생겼다고 보는 것. 그런데 왜 시에는 무릉 얘기는 없고, 또 그게 왜 하필이면 호반 무(武), 언덕 릉(陵) '武陵'이라 작명했을까? 그 이유는 몇 가지로 생각할 수 있다.

첫째는 정부군과 100번이나 전쟁을 했으니, 전투를 하던 양측 무사들의 무덤이 무척 많았거나, 시체가 큰 산을 이뤄서 무릉이라 불렀거나.

둘째는 종국에는 평화가 왔으니 더 이상 쓸모 없는 무기들을 파묻어 그 높이가 큰 능(陵)처럼 어마어마하다. 또는 무기가 쟁기로 바뀌었으니, 무기의 무덤인 무릉이거나.

셋째는 이 땅에서 생사를 건 전투의 엄청난 전술 전략이 펼쳐졌으니 무(武)의 큰 본산 무릉이거나.

토가족 박물관에 들어갔을 때, 한 곳의 벽 가운데에 武자를 크게 써놓고 갖은 무기를 진열한 방이 있었다. 힘(武)가 그들의 최고의 가치였으리라 느껴졌다. 일단 살고 나서 다른 것을 찾아야 했을 것이니.

춘추시대 한(韓)나라는 한민족 최초로 '韓'자를 사용한 국가

장량 선생 이야기는 춘추시대 한(韓)나라로 연결된다. 옛날의 韓나라는 두 개다. 장량 선생이 살았던 전국시대 한(韓)나라보다 3~4백 년 전 중국 동북부에 있던 나라 춘추시대 韓은, "우리 민족이 韓이라는 국호를 사용한 첫 나라"라는 것이 소설가 김진명 작가의 주장이다.

동이족 은나라를 멸망시킨 주 무왕(周 武王) 희발(姬發)의 아들 한성(韓城)이 분봉받은 한(韓)나라인데, 섬서성(陝西省) 출신의 한후(韓侯)라고 칭하던 세력이 동쪽으로 옮겨졌고, 그 주민들은 대부분 한씨(韓氏)를 사용하였다며, 사학자 이병도 박사는 이 '한 후' 세력을 한씨 조선(韓氏朝鮮)이라고 주장하였다.

전국시대 한(韓)나라

지금으로부터 약 2200년 전, 전국(戰國)시대 7웅의 하나인 한(韓) 나라가 진나라에 망하자, 이 나라 출신 청년 장량은 韓나라 부활을 위해, 원수인 진시황을 죽이려고 예국(강릉) 출신 '창해 역사(力士)'의 힘을 이용했으나 실패하고, 후에 그 진나라를 멸망시키고 한나라를 건국하는 데 큰 공을 세운다. 한은 당시 비교적 약한 나라였지만, 중원에 자리하여 인구밀도가 높고, 군수품과 산업이 융성한 국가로, 한국의 청주 한씨는 이 나라가 자신들의 조상이라고 한다.

장량 선생의 조부 장개지(張開地)는 전국시대 한(韓)의 3대 군주 아래서

재상을 지냈고, 아버지 장평(張 平)도 희왕(釐王), 환
혜왕 아래 재상이었다. 《사기색은 史記索隱》에는 장
량의 조상은 韓의 왕족이라 주 왕실과 같은 희성
(姬姓)이었지만 진의 통일 이후 성명을 바꿨다고 한
다(위키백과).

진(秦)나라 멸망과 장량의 역할

　전국시대를 마감하며, 중국을 천하통일한 진시
황과 그 자손들은 통일 후에도 주변국을 정복하는
전쟁을 계속하여, 민심이 동요하고, 이를 억압하
려 극단적인 탄압정책을 쓰는데, 그러니 불과 15년 만에 유방에게 망
한다. 이 때 유방을 도와 진(秦)을 멸망시키고 한(漢. BC 207)을 건국한
공신 중에 장량(張良. 자字는 장자방. ?~BC 189), 한신(韓信), 소하 등이
있다. 장량은 처음에는 韓나라 부활을 위해 군사를 모아 힘썼고, 잠시
韓나라를 재건하기는 했지만 진나라에 다시 멸망당한다.
　周나라 武王(姬發)과 동일한 희(姬) 씨인 조부와 부친이 승상으로 봉
직했던 韓나라가 진에 망하자, 젊은 희량(姬良 후의 장량)은 일꾼 300여
명인 큰 재산을 팔아 韓나라 부활을 위한 군자금을 마련했다. 때를 기
다리며 뜻을 같이 할 인재를 찾아 동쪽 *예국(濊國)으로 가 10년 간 살
면서 장사를 만난다. 그 '동쪽' 예국은 어디인가? 그게 한국 강원도 강
릉이다.
*『사기정의史記正義』, 『괄지지括地志』 기록으로, 창해군은 한국 강릉으
　로 봄(『제왕의 스승 장량』 33쪽).

'창해역사(倉海力士)'는 강릉의 힘이 어마어마한 장사다. 실제 사실로, 지금도 강릉시 옥천동 265번지에는 '창해역사유허비'를 세워 이 장사를 기린다. '강원도 노래'에 창해 역사가 나온다.

"새밝의 예나라 정든 내 고장 아침 해 먼저 받은 우리 강원도 눈부신 금강 설악 관동의 팔경 ―중략― 창해 역사 이율곡만 헤일까 보냐. 새 시대 새 일꾼들 여기 와 보라"

노산 이은상 시인이 2000년이 넘은 얘기를 노랫말로 만들어, 예나라와 창해 역사를 '강원도 노래' 가사로 쓰신 건 예삿일이 아니다.

기원전 218년경, 장량은 창해공으로 하여금 박랑사(博浪沙 현재 허난성 양장)를 지나는 시황제의 행차를 노리고 무게가 120근이나 되는 철퇴를 던져 시황제가 탄 수레를 부수어 시황제를 암살하려 했다. 그러나 철퇴는 시황제의 수레가 아닌 다른 빈 수레에 맞아 암살은 실패하고 장량 등은 도망쳤다. 이름까지 바꾸고 하비에 숨은 그는 황석공이라는 인물로부터 병법을 배웠다고 한다(위키백과).

약 30kg에 달하는 철퇴(철추)를 자유자재로 휘두르던 창해 역사. 거사가 실패하고, 성을 장(張)으로 바꿔 숨어 살던 장량은 황석공 노인에게서 『태공 병서』를 얻고, 10년 간 탐독 정진한 끝에, '혈기만 믿고 만용만 부리는 협객이 아니라, 청정하고 텅빈 마음(淸虛)과 낮고도 부드러운 태도(卑弱)로 천하 만사에 대한 이해를 철저히 하게 된다. 복수심에 불타는 무모한 행동의 수준에서 심도있는 사상의 수준으로 이르렀다. 韓나라 부활에 잠시 성공했다가 다시 멸망하자, 소국 분열로 인한

끝없는 분쟁보다는 천하를 평정하는 것이 전쟁 없는 평화의 길이 된
다는 큰 의미를 깨달아 유방을 적극 돕는다(『제왕의 스승 장량』에서 정리).

그리하여 한신, 소하 등과 힘을 모아 진나라를 멸하고, 초나라 항우를 물리쳐 초한전쟁을 끝냄으로써, 유방을 한고조(漢高祖)로 삼아 천하를 통일한다. 역발산 기개세 초패왕 항우는 마지막 남은 26명의 병사와 장렬히 싸우다 자결한다. 26명이라…. "내 수중에 26만 원 밖에 없다"던 이의 숫자 26, 죽어서 26조 원의 재산을 남긴 삼성 회장. 숫자 26이 여러 처지를 나타내네.

장량은 전쟁 중 혁혁한 계책을 냈지만, 무엇보다 정복지 주민들을 수탈하지 않게 만든 것이 훌륭하다. 논공행상에서는 스스로 공적을 낮춰 3만호 봉지 제안을 거절하고, 하비성 유(留) 땅 3천호의 후(侯)를 자원한다. 이런 사실들이 후대에서 장량의 인격을 존경하는 이유이다.

그 후에 제왕의 스승으로 이따금 유방에게 정치적 조언을 했다는 얘기도 있고, 황후의 농단을 피해 칭병하고 장가계로 은거했다는 얘기도 있으며, "적송자의 뒤를 따르겠다"는 기록이 남아있어, 도교에 심취해 신선의 길을 수행했을 거라는 주장도 있다.

장가계 관광 때, 조선족 가이드가 장가계에서의 장량 선생 얘기를 들려주면서 "나중에 신선이 됐다"고 했다. 선생은 정말 여기서 신선처럼 살다가 일생을 마친 걸까?

아니다.

100전 100승 무릉 백장협 전투

신선이 되기 전에, 인생 전반전 못지 않은 반전이 장가계에서 펼쳐진다. 참으로 치열한 인생 후반전이 무릉에서 전개된다. 정부 토벌군이 장가계에 들이닥치는 것이다.

"저 인간이 너무 출중하니, 언젠가 남편의 황위 유지에 위협이 될지 모른다"는 모함으로 안들(아내)인 여치(여황후)의 부추김에 한고조는 장량을 공격한다. 그것도 무려 100번 사마(이나).

선생은 100전을 모두 승리, 힘(武)으로 전쟁을 종식시킴으로써 평화를 쟁취한다.

그 치열한 전투 자리가 지금의 장가계 무릉원 백장협이다. 한 마디 말로 "백전백승했다" 하니, 너무 간단해서 실감이 안 나겠지만, 이 전투 기간에 얼마나 많은 병사들이 죽어 '무릉'이라는 지명을 얻었으며, 어떻게 일개 지방의 군사가 정부군을 백 번이나 물리칠 수 있었겠는가?

성공한 쿠데타도 아니고, 승리하지도 않은 역도들, 그렇다고 정권이 패배한 것도 아닌 토벌 사례는 아마 동서고금에 보기 드물 것이다. 그건 바로 장량 선생이 원주민 토가족과 힘을 모아 강력한 힘을 지녀서, 천연 요새인 지형을 이용한 뛰어난 전략으로 목숨을 걸고 싸운 덕분이라 생각한다. 이를 나는 '무릉정신'이라 부르고 싶다. 무릉도원기는 장량 선생의 삶, 특히 인생 후반기 무릉에서의 장엄한 삶의 가치도 매우 중요하게 여긴다.

그런데 도연명 시인은 〈도화원기〉에서 이상향을 제시하셨으나, 그 유명한 장량 선생 얘기는 빼놓으셨다. 대체 세상을 꿰뚫는 생각을 지니신 대 시인께서 왜 그러신 걸까?

장량 선생께서 활약한 땅이 무릉인데, 시인은 시의 첫 구절에 '무릉 어부'라고, 동네 이름은 쓰면서도 선생 얘기를 안 하신 건 분명 무슨 이유가 있지 않고서야 단연코 그럴 수 없다.

그리고, 암만 세태가 그랬다 해도 그렇지, 세상의 평화를 위해 용감히 싸우지 말고, 현실 도피해서 편한 삶을 누리라고?

의(義)의 관점에서 동서고금에 이런 '정의롭지 않은 것 같은' 가르침도 있는가 몰라.?

'서로 손가락질하지 않는' 도화원 사람들

아무튼 〈도화원기〉 탄생 후 1,600여 년을 이어가며 시의 내용은 전달–전달–전달되어 왔고, 장가계에 갔던 우리 일행에게 조선족 가이드는 이런 말도 했다.

"도화원 사람들은 서로 손가락질 하지 않고, 서로를 북돋아 주더라."

앞에서 시를 주~욱 살펴봤지만, 사실 '손가락질'과 관련된 문구는 어디에도 안 보이는데 가이드가 그렇다네.

그런데 남에게 손가락질하지 말고 북돋우라는 것은, 질투하거나 시기하지 않고, 사람 냄새나는 인정이 두터운 사람이 하는 일이니, 근본은 똑같다.

그래서 나는 내 스무 번째 주례사를 하던 날, 신랑신부는 물론 하객들까지도 둘 씩 서로 상대를 바라보고 '엄지 척!' 하면서 "You Top이야!"를 외치게 한 적이 있다.

남을 손가락질 하지 않고 엄지 척! 하는 것이 그리 어려운 일도 아
닌데, 그게 좋다는 건 다들 알지만, 실제 현실에서 실행은 어려운 때
가 많다.

살아야 한다-죽음은 악이다

장량 선생은 무릉원에서 치열한 전투를 통해 고귀한 삶이냐, 아니
면 사냥 후의 개죽음이냐를 판가름하는 사투를 벌였고, 전승하여 '살
아 남았기 때문에' 무릉원 장가계라는 이름을 남겼다. 한 번이라도 패
전하여, 부상도 아니고 죽었다면, 아마도 무지막지하게도 숭악한(흉악
한) 역적이 되었을 것이며, 역사에 이름을 남기지도 못했을 것이다.

도연명 시인은 도(화)원을 노래하셨지만, 그것이 무릉과 도원을 합
친 무릉도원은 아니고, 무릉은 빠진 단지 화안정신의 〈도화원기〉이었
는데, 그곳은 불안한 이상향이었던 것이다.

잠시, 재미난 영어 단어 얘기 하나 하고 가자. 영어에서 '생존'을 뜻
하는 live. 이 알파벳 순서를 반대로 배열하면 '죽음'을 뜻할 것으로 생
각했지만, 의외로 evil의 뜻은 사악함이다. 죽음=사악인가?

죽는 당사자는 대체로 죽음을 피하지 못해서, 1분 1초를 더 살고 싶고, 죽는 것도 억울하고 서러우니 죽는 사람 자체가 사악한 건 아니다. 동서양을 막론하고 전쟁에서 지면, 장수나 왕족 모두 남은 가족들은 아무리 신분이 높은 왕후나 귀부인일지라도 엉뚱한 놈의 종이 되었고, 남자들은 노예로 부리거나 죽여버렸으니, 9족의 씨를 말리는 죽음보다 더 나쁜 일이 어디 있었겠냐? 그러니 죽음은 사악하다는 것. 그러니 싸움에서는 죽지 말고 살아야 한다. 그러니 지지 말고 반드시 이겨야 한다. 죽은 다음에는 모든 것이 악의 시작이 될 수 있다.

그러니 살아있다는 건, 생존의 의미를 넘어, 악의 반대인 선이 될 수 있다는 얘기다.

발명가요 전략가인 장량 선생

장량 선생은 영화나 소설의 가공 인물이 아니고, 초한지(楚漢志)에 나오는 실존 인물이다.

탁월한 전략으로, 항우보다 세력이 약한 유방을 도와 승전하여 漢나라를 건국했음에도, 개국 후에는 권력에 초연한 태도를 보이면서 시골에 은거하는 높은 인품을 지닌 분이다.

그런데 은거한 그곳은 원래 원주민 '토가족'의 땅으로, 그들은 처음에는 외인부대 장량을 완강하게 거부했다. 하지만 차츰 선생이 '거꾸로 도는 물레'나 연자방아 등 일상생활에 편리한 기술을 많이 가르쳐 주면서 서로 화합하게 되어, 끝내 힘을 모아 토벌군을 물리치게 된다. 선생의 창의적인 과학기술과 화합하는 마음이 독특한 전술전략으로 뭉쳐서 힘(武)이 되어 토가족을 포함한 일가 족속을 지키는 군사력으로 발전하였고, 정부군과의 100전 전투에 모두 승리함으로써 얻은 이름이 장가계 무릉이다.

역시! 무릉은 이런 거였어! 그런 심오한 의미가 들어 있었어.

무릉이 어떤 땅인지 이제 알았으니, 무릉의 소중한 역사를 알게 된 것이 무척 좋다.

그런데 '무릉도원'에서 무릉과 도원의 연결고리는 뭐지? 그 때, "장량 선생은 사후에 신선이 되었다는 전설이 있다"던 가이드의 말이 생각났다.

신선이 사는 곳. 그 장소는 보통사람의 눈에는 보이지 않지만, 내 생각에 아마도 굉장한 경관을 지닌 장가계 12만 필봉(筆峰), 즉 붓처럼 생긴 약 300~400미터 높이의 길쭉한 암석 덩어리로 이뤄진 돌 숲 그 어느 곳에 신선의 공간이 존재하는 것으로 상상하고 싶다. 여기서 엉뚱한 질문 하나를 던진다.

"물레방아의 물레는 어떻게 돌지요?"

사진은 수량(水量)이 적은 도랑물 하나로 여러 대의 물레를 쫄로리(나란히) 설치해 실제로 돌리고 있는 모습을 보여준 장가계 풍경이다.

대체로 사람들은 수차 '위쪽에서' 떨어지는 물을 받아 아래로 도는 것만 알고 있다.

그러나 선생은 놀랍게도 도랑에 쫄쫄 흘러가는 적은 양의 물로 물레를 '아래쪽에서 위로' 돌리는 통념과는 반대 기술을 발명해서 가르쳐 주셨어. 즉 장가계는 종전 지식으론 물레를 돌리기엔 불리한 지형이었지만, 도랑물의 유속을 빠르게 만들어 이를 돌리게 해 주신 거야.

고향 집에는 디딜방아가 있었다. 방앗간엔 재질이 딱 딱한 참나무로 만든 뾰족한 참공이를 비롯, 무
른 소나무로 만든 뭉퉁한(뭉툭한) 솔
공이가 있었어.

'확'은 돌을 파서 만들었고, 서속
(조)처럼 껍질만 찧을 땐 솔공이로,
고추가루처럼 가루로 빠을(빻을) 땐
참공이로 갈아 끼웠다. 집 부근 사
람들이 많이 이용했다.

디딜방아간은 원래 집처럼 기둥이 있고, 기둥에 걸쳐진 구조물에
매달린 손잡이를 잡고, 한 두 사람의 다리 힘으로 디뎌서 방아를 찧었
다. 지붕에는 고지(박)가 주렁주렁 열었고, 내 언젠가는 거기 묻혀 있
을 '확'을 파내 복원하고 싶다.

〈도화원기〉에 제기하는 이의

대단한 장량 선생의 무릉원 사투를 모르실 리 없는 시인께서, 분명
그 사실은 보물처럼 숨겨두시고, 씨물덕하고(시침떼고) 〈도화원기〉를
쓰시면서, '다른 의도'를 따치(따로) 숨기셨다.

그게 뭘까? 그 치열했던 전투나 몸서리쳐지는 생존 노력의 가치에
대해서는 전혀 모르시는 듯 '선비들의 은거'를 종용하셨다. 지도자도
안 보이는 공동체-세금도 없는 세상-수백 년 동안 복장도 안 바뀌
고-달력도 필요 없는 세상을 펴 보이셨다.

나는 인간세계에서는 달성하기 어려운 이해하기 힘든 세상이라,
정식으로 이의를 제기한다.

정부 관청의 눈을 피해야 하고―동네 입구는 남의 눈에 잘 띄지 않게 좁은 동굴처럼 작아야 하고―"전쟁을 피해 왔다"고 숨어 사는 신세를 토로하고―"밖에 나가면 우리의 존재를 말하지 말아 달라"고 부탁하는 불안한 평화를 누리고 있는데, 그런 곳을 사람들은 어떻게 이상향이라 생각하는가?

독자들은 '무릉원 장량 선생 이야기'는 모르시니까, 아무런 의문을 품을 이유 없이 "수준 높은 이상향"이라고 생각하시는 건 아닐까?

"기존 해설에다 '무릉정신'을 추가해야 도연명 선생의 진심을 더 잘 알 수 있다"

나의 이 도발같은 이의는, 지금까지 〈도화원기〉를 애독―애호하시는 한국과 중국 등 전세계 독자―학자―시인 묵객들의 해석을 부정하거나 뒤집자는 의도는 아니고, 도연명 시인의 도화원 이야기와는 따로 존재하는 장량 선생의 무릉원 이야기, 이 둘이 결합되어야 사자성어 '무릉도원'이 완성된다고 생각하기 때문에 나온 것이다.

무릉의 뜻과 역할

무릉에 대해서는 이런 생각을 할 수 있다.

"도화원은 완전한 이상향이 못 된다. 무릉에서의 100전 100승―땀과 피를 흘린 대가―수 많은 병사들의 목숨의 대가야 말로 '완전한 평화를 누릴 이상향의 전제 조건'이다"라고.

나의 이의가 시인께서 보물찾기처럼 숨겨놓으신 그 보물이다. 시인의 시 세계는 그 자체만으로도 훌륭하니, 세상의 학자들이 왜 "숨겨둔 보물이 따로 있을 거"라는 생각을 하겠나?

앞으로 〈도화원기〉를 재해석해 무릉정신이 화안정신과 합하여 완전한 유토피아를 만드는데 필요한 '신선한 의문이자 분명한 해답'이 되기를 바란다.

내가 누군가! 얼분 깔리는(잘난 체 하는) 말이 아니고, 난 딴 독자들과는 달리 무릉동 출신이다.

'무릉도원' 사자성어에서 도원에 비해 무릉이 한 '역할'이 너무나 미약함에 서운해 하던 나머지, 시인이 숨긴 보물이 있다고 생각했고—찾아냈고—드디어 불안하지 않은 완전한 이상향을 만드는 데는 '무릉정신'이 '화안정신'에 추가돼야 한다고 말하게 되었다. 말이야 바른 말이지, 〈도화원기〉는 불완전한 유토피아 아니냐? '맨날 눈을 크게 뜨고—귀를 쫑긋 세우고—목을 길게 빼서—잠시도 가만 있지 못하고—불안한 마음으로 강적 출현을 경계하는' 야생동물처럼 사는 것과는 다르게, 무릉정신! 전쟁에서 죽지 않고 살아남을 힘을 지니면, 다리 쭉 뻗고 잘 수 있다. 완전한 이상향을 만들 보물이 무릉정신이다.

그렇다면! 무릉과 도원은 연결된 것 아닌가!

인생 생존 비법은 무력과 전술이다.

장가계 관광에서 무릉 장가계—장량—토가족—물레방아—백장협 등에 대해 많은 앎과 상상을 가지고 돌아왔다.

그건 꼭 판타지 마을 도화원을 보고 돌아온 무릉 어부처럼 놀라운 여행이었고, 여기서 뭔가 모를 인연과 생각에 끌려, 장가계-장량-〈도화원기〉-근덕면 무릉동으로 연결하게 되었다.

그게 저절로 그렇게 연결되더라. 혹시? 나는 그 무릉 어부의 환생 아닐까? 놀램 쩔에(놀랜 김에) 관아에 신고한 무릉 어부의 심정으로 이를 써서 '무릉도원' 사자성어에서 무릉의 "뜻과 역할은 상당히 크다"는 걸 널리 알리고 싶다.

한나라 황제 유방의 아내 '여치'는, 바람을 많이 피는 남편의 관심을 자신에게 돌리려고, 남편이 좋아할 일을 찾는다는 것이, 황실의 장기 집권에 위협이 된다는 핑계를 만들어 한신-영포-팽월 등을 죽이고, 이어 멀리 시골에 은거한 장량 선생마저 토벌군을 보내 호시탐탐 죽이려 했다. 저급한 야망에 빠진 높은 야망의 여인, 놀갱이(노루)도 아닌 여깽이(여우) 같은 여치가 소가지 피운(성질부린) 거지 뭐.

하지만 장량이 누군가? 그 정도는 미리 예상하고, 좋은 시절에 호시탄탄 앞날을 준비하였다. 꾀대가리 없는-풍시이(바보)-떨꿍이(바보) 한신은 결국 죽임을 당했는데….

바로 이거다. 이거. 이게 개인-기업-국가의 생존 비법이다. 이것이 무릉정신이다. 그리하여 장량 선생은 무릉에서 토벌군에 맞서 싸워 100전 100승 했고, 그 100승 하던 날에, 2만 5천 명의 정부군 포로를 석방하면서 정부에 최후통첩을 한다.

"다시는 이곳을 공격하지 마라".

정부에서도, 입때(지금)까지 싸웠는데 아무리 싸워도 이기지 못할 바에야, 차라리 화답한다.

"좋다. 대신, 거기서 한 발짝도 나오지 마라." 그리하여 종전이 선포되고 평화를 이뤄냈다.

무릉은 역시 무릉!

일족이 전멸당할 수도 있는 위기였지만, 장량 선생이 강력한 힘과 전술로 평화를 이끌었다.

이리하야 오랜 전쟁은 끝나고, 군사들은 무장을 풀고 고향에 돌아가 농사일에 전념하게 되니, 장량 선생은 편히 살다가 '신선'이 되었단다.

역시 무릉에는 이만큼 대단한 사연이 있었네! 이로써 내가 평소 무릉 이름에서 생각했던 대로 "역시 무릉은 중국에서 상당히 소중한 철학을 지닌 곳이구나"라는 확신과 '무릉정신'이라는 소중한 철학을 얻게 되었다.

헌데, 장가계에서도 무릉이 도원과 합쳐 무릉도원이 되는 그 어떤 것도 발견하지 못한다.

〈도화원기〉를 읽으면 도원경만으로도 화안정신의 유토피아에 살 수 있는데, 그래서 도원은 무릉과는 별 연관도 없는 것처럼 되어 있고, 장가계 무릉의 역사를 들어봐도 치열한 생존 사투에서 이긴 무릉은 남아 있으나, 그렇다고 도원과 어떤 연관이 있어 보이지 않는다.

그러니 무릉과 도원은 사자성어로 함께 사용할 하등의 이유가 없는 것 같은데도, 왜 둘은 찰떡궁합으로 같이 쓰이는 걸까?

그렇게 고민하던 중에 "장량 선생은 장가계에서 편히 살다가 신선이 되셨다"라는 설명이 떠올랐다. 바로 그 말에서 무릉과 도원의 연결고리를 찾아냈다.

무릉과 도원 사이에 걸린 방정식

나는 도연명 시인에게서 '도원'을 배웠다. 무릉은 언급이 없었지만 역설적으로 깨달았다. 도원 사람들은 화안정신으로 평화롭게 수백 년을 살고 있었다. 요즘 사람들이 이를 유토피아라 부른다. 그러나 한국 무릉동 출신인 나는 "무릉과 상관 없는 '도원'은 이상하다"는 의문을 품고 자세히 봤더니, 그곳 사람들은 인정스럽기는 했지만, 숨어 사는 처지라 혹시 외부에 발각될까 불완전한 평화를 누리고 있더라.

나는 장가계 관광에서 '무릉'을 배웠다. 무릉이란, 장량 선생처럼 무기-지식-전술 전략-경제력-과학기술-외교력 등 자신-기업-국가를 지켜낼 힘(武)을 언덕처럼 쌓아(陵) 경쟁이나 전쟁에서 지지 않는 상태를 말한다.

그런 역량을 갖추어 전투에서 승리한 사람들만이 전쟁을 억제하거나, 종전을 이끌 수 있어, 평화를 누리는 도원에 자유로이 입장할 티켓을 받는 것이 무릉정신이란 말이지.

도원은 무릉과 연관이 아주 깊다. 화안정신만으로는 불완전한 평화지만, 무릉정신을 엄치면(합치면) 제 힘으로 만들고 누리는 완전한 이상향이 된다.

무릉은 도원과 연관이 아주 깊다. 병사들은 나(라)를 지키는 전사로서는 용감했지만, 인간으로서는 어떻게 살아야 하는가?

화안정신이 인간을 인간답게 만든다. 도원, 도피해서 거저 얻은 가짜 평화가 평화냐? 내 힘으로 나를 지키는 평화가 진짜 평화지.

무릉, 어떤 힘도 어떤 과학도, 윤리 도덕이 기본이 아니면 주먹이 되고, 거짓말이 된다.

사자성어 무릉도원. 그저 힘만 세다고 무릉이 아니고, 거저 살기만 좋다고 도원이 아니다.

시인은 이 방정식을 만드는 사람이 나타나기를 바라면서 시를 쓴 거다.

무릉도원의 정의

저 소중한 화안정신도 '숨어 사는 신세'가 되면 불안한 것. 그래서 권세를 초연한 힘, 장량 선생처럼 '당당한 평화'를 누리는 '무릉정신'이라는 걸 생각해냈다.

장가계는 요즘 땅의 의미를 '크게 확장'했다. 즉 '베풀張-집家-지경界'를 '세상에 베푸는 장씨의 땅'이라는 의미로 소개하고 있다. 무엇을 베푸는가?

자연이 내린 아름다운 경치? 그렇다. 얼마나 멋진 풍광이면 유명한 판타지 영화 '아바타'도 여기서 영감을 얻었고, 촬영도 일부 했다지 않은가? 하지만 그것만으로는 진정한 무릉도원의 의미에 겨우 33점이다. 왜냐하면 무릉도원은 경치만 베푸는 게 아니니까.

남을 손가락질 하지 않고-북돋고-인정이 두터운 '화안정신'을 추가해야, '도원'의 자격을 얻는다. 그래도 '무릉' 두 자 없는 '도원'에 그치니, 그것은 66점이다.

그럼 무릉도원이 되는 100점 짜리는 무엇일까? 경치 좋고 살기 좋은 곳에다, 인정스런 화안정신을 얹고, 회사와 나라를 지킬 상승 무패의 힘을 가진 '무릉정신'을 함께 갖춰야 100점 만점, 드디어 '무릉 도원'이 완성된다. 그 높은 뜻은 원래부터 있었지만, 도연명 시인이 도원만 읊어, 누군가 무릉을 찾아 본래 의미를 완성시키라는 뜻이었다.

무릉도원

경치 좋은 곳은 단지 절경일 뿐이지만, 그 곳에 남을 북돋는 후한 인심을 가진 화안정신이 더해지면 살기 좋은 '도원'이 된다.

그 위에, 사람들이 자기를 연마하고, 기업이 자기를 지속 번창시키며, 국가가 자기를 지킬 힘과 지략을 갖는 '무릉정신'을 추가해야 비로소, 사자성어 '무릉도원' 본래의 뜻이 완성된다.

무릉은 현실, 도원은 가상이지만, 무릉도원은 현실세계와 정신세계까지 아우르는, 아름답고 건강한 세상이다.

제2부 근덕

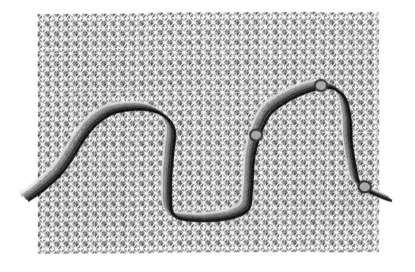

무릉동

무수 대감님의 일상

무릉동에서 파란만장한 생을 사신 할아버지는 바깥 행보를 좋아하셨지. 교가 5일장날이면 만사 제쳐두고 광목 두루마기에 챙이 그다지 넓지 않은 갓을 쓴 '장날의관'으로 갈아입고 종일 나가셔서, 거나하게 취하셔서 저녁 때에야 집에 들어오셨다. 그렇게 사람들과 노박(많이) 만나셔도, 소통할 일이 많으셨던가 봐. 할머니가 질금(콩나물), 채소, 과일 같은 걸 장에 가져다 파신 덕분에 잔돈푼은 궁하지 않았다. 할머닌 하루 두 행부(차례) 시장에 나가시는 날도 있었다. 별호가 '무수 대감'인 할아버지는 무싯날(장날이 아닌 날)에는 밭에 마웃(인분)을 퍼내거나 산테미(짚으로 엮은 농구)에 걸금(거름)을 담아 옮기며 걸금자리(거름자리)를 손보시고, 밭에 짐(김)도 매고, 내게도 작은 지게를 지콰사(지게 하여) 산에 가서 나무도 하셨다. 집에는 돗자리 짜는 틀이 있어, 부들과 볏짚을 써 고드랫돌을 한 눈씩 건너 앞 뒤로 넘겨가며, 부드자리(부들 돗자리)'도 짜고, 밭을 걸구고(기름지게 하고) 부지런히 농사 일을 하셨다.

할아버지는 글자를 모르는데도 무릉동 구장을 일곱 번이나 하셨고, 동네에 상세(상사)가 나면 행상을 이끄는 '선소리꾼'을 맡아, 상두꾼들과 만장, 장례 행렬을 지휘하시는 것을 어릴 때 나도 봤지. 요즘 장례는 운구차를 뒤따르는 자가용 숫자가 그 집안의 세력을 말하지만, 그 때는 만장 숫자가 가세를 말해줬다. 할아버지는 우렁차고 낭랑한 목소리로 소리를 하시면서, 상여가 길도 없는 험한 곳을 헤쳐 나가게 이끌고, 심지어 외나무다리도 건너게 하셨다. "너화 너화 어기 넘차 너화." 상여 소리다.

마을 상사─초가지붕 잇기─초례(결혼식)─모심기─집 짓기 등에는 동네 사람들이 같이 일했다. 무거운 통나무 운반 때 두 사람씩 네 사람이 앞 뒤에서 어깨에 밧줄을 건 나무를 걸치고 "의도차! 의도차! (호흡 맞추려 함께 지르는 구호)"하면서 나르던 장면도 눈에 선하다.

어느 장날. 혼자 붓글씨 연습을 하는데, 할아버지가 장에 가셨다가 이 손자에게 붓 한 자루 사다 주신 적이 있으니, 내 생애 첫 선물의 기억은 잊지 못한다.

나는 동네 할바이들 머리도 다 깎아드리고, 시키지 않아도 혼자 넓은 마당의 장한(길게 자란) 풀도 다 뽑고, 겨울이면 공동 우물까지 할머니가 물동이를 여나를(이고 나를) 눈 길을 쓸고, 모든 일을 혼자 알아서 척척 하고, 애살(잘하려고 하는 마음)도 많은 아이로 자랐다. 이 것은 어른이 되어서도 독립심은 크지만, 시끄러운 것을 싫어하고, 남들과 화합하는 데는 썩 좋은 성격은 못 되었다.

초등 2학년 때만 해도 농땡이 치고 오작구(장난꾸러기) 짓 하느라 결석도 몇 번 하고, 성적은 행핀읍샀사(형편 없었어). 한 날은 학교 안 간다고 고모한테 빗자루로 후달구캐사(쫓겨서) 울면서 핵죠(학교)에 갔는데, 불과 1년 새에 우등상을 받았으니, 기특하지. 똑순이 '용이' 고모 덕분이다. 고모는 동네 처녀들 중에서도 횃대보나 베개 수를 아주 잘

놓는 선수였다.

"봄 꽃밭에서는 어린 풀 함부로 뽑지 마라. 저것이 장차 무슨 꽃을 피울지 모르니."

　예전에 내가 썼던 싯구다. 함부로 뽑거나 잘못 솎구면(솎으면) 화초도 같이 뽑히니.

무릉동 '이름의 역사'는 내 나이보다 적네

　무릉동이 지금은 교가5리로 이름이 바뀌어 참 섭섭하다. 동네 고유의 역사와 특색도 사라지고, 평준화된 숫자로 행정관리를 하다니. 무릉은 중요한 가치를 지닌 이름이라고 믿어, 나는 생각이 많았다. 그런데 무릉과 도원이라는 이름은 중국의 무릉처럼 장구한 역사를 자랑하는 곳은 아니고, 실은 1950년 행정구역 개편 때 지었다니, 내가 세 살 때, 올해로 71년빼깨(밖에) 안 됐어. 새 이름을 지을 때, 삼척 근덕면 지식인들께서 〈도화원기〉에 나오는 무릉과 도원을 따서 지은 것이라 추측한다. '무릉천'도 그 때 지은 것일까? 그건 잘 모르겠다.

　무릉동 희남 형에 의하면, 언제인지는 모르지만, 어느 스님이 관후산에 올라 멋진 풍치를 내다 보고, 우리 동네를 무릉, 웃 마을을 도원이라 불러서 그리 되었다는 말을 해 주었다.

　별로 특출한 특징도 없고, 별다른 의미도 없는 땅이라면 그런 황송한 이름을 함부로 갖다 붙일 수는 없다. 얕잡아보려는 의도는 아니고, 마치 조랑말을 상징하는 포니(Pony) 차에다 '장엄하다'는 그랜져(Grandeur) 이름을 붙이지는 않듯 말이다. 틀림없이 옛날부터 오래도록

'그럴만한 가치'가 있었기 때문에 지었을 끼라. 그게 뭐냐? 이거였는데, 오랜 의문이 풀어졌다. '장가계 무릉에 녹아있는 힘에 의한 평화'가 내 고향에도 공통으로 적용할 수 있다는 멋진 사실을 깨달은 거지. 이건 단순히 멋진 경치, 살기 좋은 땅의 의미를 뛰어넘는 소중한 가치다. 그렇다. 무릉동은 우리 어릴 때 '큰마을'이라 불리면서 풍치도 수려했던 곳인데, "면소재지 재동보다 세력이 컸다"는 심방리 사시는 최봉수 어른의 말씀을 들었다.

내가 태어난 곳은 무릉리의 동쪽 대촌과 서쪽 돈돈 중 '두터울 돈' 돈동(敦洞) 쪽이다. 그러고 보니 어릴 때 어렴풋이 '동네 두 개가 합친 거'라는 말을 들었던 것도 같다.

'돈'자가 한자로 어떤 글자인지 몰라 애태우던 중, '두터울 돈'이라고, 전화로 바로 답을 알려주신 최봉수 어른께 깊은 감사를 드리고, 이 분을 소개해준 친구 '운집'도 고맙다.

그런데 두터울 돈(敦)이라니, 무엇이 두터웠을까? 심방리 어른이 '화목하다는 의미'라고 말씀하셨다. 요즘 시대에 그렇게 깊은 식견을 지니신 분이 생존하시니 무척 기뻤다.

무릉에서도 우리 집이 있던 돈동은 비교적 가난한 사람들이 살던 서쪽 편인데, 돈동 사람들은 지금으로 치면 기술과 상공업 분야 종사자가 많았다.

사시사철 콩나물-야채-홍시-팥죽-시루떡을 소래(함지박)나 떡실기(떡시루)에 이고, 장에 가 파시던 소상인 할머니. 셈법도 모르시는 분이 어떻게 거스름돈을 내 주셨을까? 오랍뜨리(동네 가까운 곳) 걸음을 하셔도, 먼 데를 가셔도, '땅이 꺼질세라' 조용히 걸음하시던 할머니였다.

과질을 만들어 장에 내다 파시던 작은 할아버지 댁은 가내 식품업 제과회사였다. 그 옆 집은 시골에서 우차(牛車)를 직접 만들 수 있는 가까운 친척 을용이네 집. 자동차회사. 우차는 차체 제작도 그렇지만, 커다란 바퀴 만드는 게 큰 기술인데, 거기에 바퀴 외부를 감싸는 얇은 철판 만들어 씌우기, 아무리 험한 길을 삐걱거리며 가도 바퀴가 축(shaft)에서 빠지지 않게 하는 기술 등, 당시로서는 대단한 기술이다. 역학−각도기−나눗셈−도면도 없는데, 또 연장 도구는 어떤 걸 썼는지, 정말 대단한 기술이다.

그 옆집은 황동 용접봉부터 필요한 물건은 다 가지고 있던 덕교 아버지 구장댁, 옛날식 편의점 분O네도 있었고, 공회당에 살던 영식이 아버지는 목수였다. 다들 상공 분야 기술자였다.

'큰마을'은 글을 많이 하던 큰 동네

지금 무릉동은 전국의 여느 시골만큼이나 쇠락했다. 할아버지들에게서 들은 쇠락의 시작은 이렇다. 동네를 감싸는 무릉천 세 쏙(沼) 중 맨 하류의 쏙에는 높은 바위 절벽이 있는데, 어떤 가짜 스님이 그 위에서 낚시하다 떨어져 죽은 것이 그 시작이란다.

흑백 색 모란꽃이 부귀와 성쇠를 생각하게 한다
ⓒ 김선영

스님이 낚시를 했다니, 진짜 가짜 스님 맞네. 언제부터 '큰마을(大村)'로 불렸는지 몰라도, 무릉동은 정말 어떤 곳이었는지, 어른들 살아 계실 때 자세히 여쭤 봤어야 했는데 다 돌아가셨다. 이제는 근덕면에 생존하신 어른 중에도 무릉동의 번창기를 기억하시는 분도 드물고, 사료를 찾아 봐도 무릉동 얘기는 안 나오고, 그런데 심방리 어른은 그걸 기억하시면서 이렇게 말씀하셨어.

"치동(지금의 재동)은 토지가 넓어 부자가 많았고, 대촌도 경제력이 그만큼 컸는데, 특히 글을 하는 사람들, 서당이나 교육관련으로 널리 알려진 동네가 무릉이다"라고.

아이고 너무 고마워 많이 놀랬사(놀랬어). 내 숨 좀 잔좌가지고(가라앉혀서) 얘기를 이까야(이어야) 하겠다.

이건 신문 방송 기자로 치면 그야말로 특종이다. 예상치 못했던 대단한 정보다. 이젠 짐작할 수 있다. 당시 성리학이 매우 성행하던 시기에 사농공상의 오랜 전통으로 보아, 큰마을이 면적은 작은데도 왜 큰마을이라 불렸을지 추리가 가능하다. 큰 기와집이 많았던 걸로 경제력은 상당히 높았고, 거기에 유교-글-서당 등으로 지방의 행정과 교육 등에 실권과 영향력이 매우 컸던 마을이라는 추측이 된다. 그 정도나 되니 무릉이라 불렸겠지.

동창생 공무원 출신 선종이 이렇게 말했어.

"오리(梧里)라는 우리 동네 이름은 '봉황새가 사는 큰마을을 기점으로 거리가 5리(里)'이기 때문에 지어졌는데, 오동나무 오(梧)자를 썼다".

그 올골(오리) 출신이 그 말을 한다는 사실로도, 옛날 '큰마을' 세력은 크지 않았겠는가?

이렇게 오리-하촌(下村 알말=아랫마을)-무릉천 등 큰마을을 기준으로 몇몇 이름이 불리워진 것은 나도 잘 알고 있었다. 그것은 희남 형 말대로 "무릉이 근덕면의 행정 소재지였을 가능성이 있다"는 증거다. 거기다 언감생심 봉황새까지! '대나무 열매를 먹고 살며, 오동나무에 깃든다'는 봉황은, 아마도 대나무도 오동나무도 다 있던 무릉과 오리 동을 오가며 살았을 것 같다.

임진왜란 때 만조백관이 다 "참해야 한다"고 주장할 때, 혼자서 이순신을 "살려야 한다"고 하여 구해주신 분, 무려 다섯 차례나 영의정을 지내고도 두 칸 초가에 사신 청백리 오리 이원익(李元翼) 대감의 호와 같은 이름 오리! 이게 우연의 일치일까?

오리-무릉-도원 모두 성리학 덕분이거나, 우리 역사에 대한 깊은 조예 때문인 것 같다.

그리하여 무릉동이 예전처럼 큰 마을로 부흥하면 좋겠다는 것이 조부님들-아버지들-나의 대까지 내려 오는 염원이다. 우리 대 사람들이 다 가고 나면, 자식들은 무릉이 고향이 아니니, 그 염원은 이까지지(이어지지) 못하지.

다른 친구 해외수출의 개척자 병섭도 이렇게 말했다.

"우리 동네 하맹방에 어떤 이가 큰 기와집을 짓게 되었을 때, '큰마을' 니네 동네에 가서 허문 집 터에 쌓아놓은 오래된 기왓장을 날라다 지었어. 그 때 내가 다른 사람들이랑 같이 갔다 왔지"라고 말했다.

이 정도면 무릉동에 오랜 기와집이 있었고, 너무 오래돼서 우리 어릴 때 이미 허물어진 집도 있었다는 사실이 충분히 입증된 것 같다.

일단, 무릉은 큰 마을이었던 게 틀림없다.

조선조 중말기(中末期)에는 사람들의 삶이 무척 어려웠을 시절인데,

고래등같은 기와집이 많은 동네였다면 알아봐야 하는 것 아닌가?

난 타향살이 하지만, 지금도 인터넷 지도를 보면서 고향에 자주 다녀온다. 공중사진을 보면, 근덕면 부면장을 지낸 '김종각 가옥'이라 쓰인 곳, 그 집은 북향으로 전형적인 미음자(ㅁ) 집이었고, 지금은 노후하여 헐리고 터만 남았네. 내 무릉에 살 때도 이미 많이 낡았었는데, 요즘처럼 리모델링하기에는 비용이 많이 드니, 3대가 함께 사는 대가족에, 혼자 버는 공무원 월급에, 집수리는 할 수 없었겠지. 지금 동네에 남은 큰 기와집은 겨우 몇 집 뿐이다. 내 기억으로는 헐린 곳이 아홉 곳이야. 오분리 집, 김희술 집, 高사심네 집, 김인주 집, 김종각 집, 문종식 집, 김경익 집, 밤고개 밑 읍내 집, 그리고 사람 이름을 까먹은 집이 집. 김종각 가옥과 김인주 가옥은 나중에 문화재로 지정받은 것 같다. 그 외에도 내 철들기 전에 이미 헐린 집도 있었을 거고, 그 때 아주 고택은 아니라도 상당히 큰 기와집들도 몇 집 있었는데, 지금은 시간이 많이 지났으니 많이 낡지 않았을까?

우리는 "수조야 학교 가자", "희술아 학교 가자"하고 학교 갈 때 소리질러 몇몇 친구들이 늘 같이 다녔지.

어느 날 헐리던 집 옆을 지나는데, 누가 "업(業)이 나간다. 업이 나가!"라는 소리에 우루루 몰려가서, 따바리(똬리)를 틀고 앉았던 굵은 구렁이가 어디론가 빠르게 기어가는 모습을 봤다.

'업'이 사람들 눈에 띄지 않는 곳에서 그 집을 지켜주고-보살펴 주고-잘 되게 하는 영물 업구렁이인 줄을 그 때 알았어.

그 후에 남은 기와집 수가 줄어들더니, 7번 국도 자동차 전용도로가 마을을 남북으로 고가(高架)로 관통하면서 마을 한복판에 콘크리트 기둥이 빽빽히 들어서서, 경관이고 뭐고 몽창 배래삐랬고(모두 망쳤고), 그 때 도로에 가까이 있던 오분리집 등 몇 집이 또 헐렸다.

그로 인해 동네 전체가 반으로 잘라진 분위기였지만, 어디에 호소할 데도 없고, 주민들은 그저 분통이나 터뜨리다 말지 않았을까?

하필 그 도로 노선이 옛날 대촌과 돈동의 경계를 복원한 것처럼 교각을 세우다니 참 묘한 일이야. 게다가 우차 다니고 나무 해 여나르던 남북 도로마저 크게 확장되면서 동네가 몇 조각으로 나뉜 듯 하다.

어쨌든 내 태어나기 전부터 오래 된 집들이 헐리기 시작했다고 보면, 큰마을은 우리 할바이의 할바이 시절에 기와집을 한창 지은 것으로 추정되고, 동네 번창 연대는 지금으로부터 한 200~250여 년 전이겠고, 그 후에 오랫동안 영화를 누리다가 조금씩 쇠락했던 것 같네.

이제는 마을을 부흥시킬 이렇다 할 동기도 없으니 막막하기만 하다. 그래서 이 무릉도원기가 무릉 부흥의 도화선이 되고 기폭제가 되었으면 참 좋겠다.

무릉川을 따라 축조된 동네 제방 둑은 내 어릴 때 구축되어 있었으니 역사가 오래되었다.

그 둑을 따라 거랑 쪽으로 아름드리 방풍림이 수백 그루 심어져 송림을 이루니, 그 아래에는 자연 수풀을 이뤘다. 그런데 1960년대 초에 동네에 전기를 가설하는 비용으로 쓰려고, 천방매기(제방이 시작되는 곳)에 있는 가장 큰 왕 소나무 한 그루만 남기고, 예지리(모두) 베어 팔았으니 애석하기 짝이 없다.

천방매기 저 소나무

무릉과 도원의 경계에 서있는 왕 소나무
수백 그루 방풍림 중 홀로 살아 남았네.

수형은 정 이품송, 자색은 고상한 연초록,
피부는 발그레하고 뽀오얀 미녀의 살결

살은 포동포동 탱탱한 청바지 아가씨
퍼덕퍼덕 꼬동꼬동(차지다) 생동하는 물고기 같네.

나무꾼들 오가던 길은 아스팔트 찻 길 되었고
해질녘까지 팽구따먹던 소년들도 다 늙었네.

홀로 남은 소나무 외롭기 그지없는데
옛 추억 더듬는 동네 출신 나마니(노인)가

옆에 살던 팽구나무 안부도 묻고
가슴 아픈 뜨거운 눈물 흘린다

"우지 마라 추억 덩거리(덩어리) 늙은 아이야
말 안 해 그렇지 내 가슴도 타고 있단다."

누에치기

봄이 되면 우리 동네는 '춘잠(春蠶)'이라고, 집집마다 누에를 쳤다. '추잠'도 있었지만 우리 집에서는 안 했다. 나라에서 양잠 농가마다 잠실(蠶室) 크기에 맞게 공급해주는 작은 누에씨를 받아다가 부화시켰지. 그런데 누에는 동물인데, 그 알을 '알'이라 부르지 않고 '씨'라 부르는 이유는 잘 모르겠는걸? 나이는 많아도 모르는 게 많아요.

집집마다 울타리에 심은 몇 그루 뽕나무 잎을 따다가 처음에는 잘게 송송 쌍글아(썰어) 멕이고, 드디어 아이 잠(첫 잠) 자고, 또 먹고-놀고-누고-자고, 누에가 자꾸 커지면 가지 채 줘도 순식간에 없어지지. 비를 맞은 뽕잎은 피해야 하니 비가 오기 전에 가지를 쳐 와야 하고, 뽕잎이 모자랄 때는 황사목(산뽕) 가지를 쳐다 주었어.

제사, 섣달 그믐과 정월 초하루(1.1) 설날 풍경

제사 때는 6촌까지 남자들이 모였다. 애들이 밤 늦게 졸다가 꾸시래재(넘어져) 자면 이 똥을 긁어 붙인 때꼼 불(성냥개비 숯불)을 놓고, 따꼼(따끔)해서 화들짝 놀래 깨는 모양에 웃었지.

요즘은 양치를 너무 자주 하니 애들 이빨에도 이 똥은 없어. 제사 시간이 되면 아무리 추운 겨울이라도 아이 어른 모두 밖에 나가 일단 찬 물에 세수를 해야 했으니, 그게 참 힘들었어. 시계도 없으니, 어른들께서 '자정이 지났다 싶으면' 제사를 지내고, 끝나면 다같이 제삿밥 먹고, 떡도 먹었어. 큰 집에서 제사를 지낼 때 나는 내 몫으로 주는 떡을 먹지 않고 집에 싸가자고 와. 그런 나를 "아가(아이가) 참 청관시럽다(어른스럽게 체면 차린다)"고 했지.

밤중에 셋이 함께 그 떡을 맛있게 잡숫던 할아버지 할머니가 그리워.

음력 섣달 그믐날 저녁에도, 할아버지 형제들과 손자들까지 3대 6촌까지 모두 모여 큰 댁에 가서, 큰 댁이 모시는 조상님께 '만둣국' 차례를 지냈지. 이어, 다들 우리 집으로 옮겨 와서, 나머지 조상님께 차례를 지내고, 좁은 초가 3간이지만 우리 집에서 둘러 앉아 만둣국을 먹었어. 설날 차례는 만둣국 차례와는 절차는 거의 같은데, 만둣국이 아니고 '메'를 올리지. 차례를 지내면 어린이들은 감주 얻어먹는 재미로 동네 노인들께 찾아가 세배했고.

성황당에서 마을 평안을 기원

동네에서는 뒷동산 거랑 가 서낭딩이(성황당 터)에 있는 성황당에도 '성황지신신위'라 쓴 위패를 놓고 1년에 한 번 제를 올렸다. 우리 집이 성황당에서 제일 가깝기도 하고, 연세가 있으시니 우리 할머니는 부정탈 일 없어서 수년 동안 음식을 바쳤어요. 부정탄다? 그 당시에는 몰랐던 건데, 젊은 여인은 달거리하니까, 제수 준비를 못하게 했던 거야. 제사 며칠 전부터 우리 집에 금줄치고 부정탈 사람 못 들어오게 했고.

서낭딩이 아래에 있는 샘은 일년 열두 달―삼백육십오일―사시사철, 지금도 마르지 않고 샘물이 나와. 한여름에 애딩이(애둥이) 물 외 두어 개 따다 송송 채를 쳐서, 그 샘물 길어 장물(간장) 좀 타서 훌훌 마시면, 그게 요즘으로 치면 아이스 커피지 뭐.

조상님께, 산신령님께

할아버지는 몸이 불편하여 누워 계셔도, 틈틈이 내가 알 수 없는 긴 주문을 외우셨다. 지금 생각하면 아마도 '불경'인 것 같다.

'김연석 본가입납(本家入納)'이라고 한자로 쓴 봉투를 열면 언제나, "부모님 전상서. 그동안 부모님 기체후 일향만강하옵시며, 대소댁 두루 평안하옵신지요"로 시작되는 숙부님의 명필 편지를 읽을 수 있었다. 공무원인 숙부님은 내가 레알(정말) 존경하는 명필이시다.

객지에 나간 자손들이 우환이 있다는 편지를 읽어드리면, 할아버지는 바로, 소반에 물 한 그릇 올려놓고 조상님께 비셨다. 나는 옆에서 쉬지 않고 절했고, 할머니는 절을 안 하셨다. 여자는 절하지 않는 풍습. 차례 때고 제사 때고 음식만 바쳤지 뭐. 어머니가 그걸 많이 섭섭하게 생각하셨다. 5남1녀 손주 낳은 며느리면 이 집 귀신이 되는 건데, 왜 조상님, 특히 애환서린 시아버님 전에 약주도 한 잔 못 올리는가, 법도가 맘에 안 들어 하셨어. 그러다 언제던가 결국 우겨서 잔을 올리셨지. 덕분에 숙모님도 잔을 올리시고. 잘못된 법도를 어머니가 깨신 거야.

할머니는 '산(山) 멕이기'를 하셨어. 동네 동북쪽 산 즉, '밤고개' 동쪽 산 꼭대기에는 큰 소나무 몇 그루가 남아 있었어. 그 산에 오르면 교가 시내가 다 내다 보여. 산판(山坂)으로 나무를 베어도 산꼭대기 소나무는 냉개놨사(남겨놓았다). 마을에서 공동으로 사용하는 산멕이기 Holy wood(신목 神木)이니까. 날을 받아 징을 든 복자(卜者)를 산에 모셔 산꼭대기 너른 곳에 음식을 차리고 제를 올리는데, "징징징징" 징을 나지막하게 때로는 높게 두드리며 가족의 안녕과 복을 빌었다. 의식

83

의 마지막에는 소지 올리기를 했고, 어린 마음에도 얇은 종이가 잘 사라지면서(타 없어지면서) 하늘하늘 하늘 높이 올라가면 좋을 것 같다는 생각이 들더군.

집에서 하는 그런 기원 덕분에 객지에 나간 부모형제들이 건강하게 살 수 있었던 것 같다.

친구 제균에 따르면, 그의 고향 오리동에서는 근산에 올라가 산멕이기를 했는데, 제사가 끝날 때 떡을 산에다 여기저기 막 던졌대. 산이 먹으라고. 그게 진짜 산멕이기다. 그러면 아이들이 그 떡을 찾아 주워 먹었다고. 애들이 신나게 신(神)이 되는 행사였지.

정월대보름

아침이면 할머니가 건네 주시는 호두로 부럼 깨기를 하고 집을 나서면, 반갑게 내 이름 부르는 이 있어 "응"하고 대답하지. 그러면 기회를 놓칠세라 재빠르게 "내 덕 사라!"고 해.

그게 표준말로는 '내 더위 사라!'인 것 같은데, 나는 '덕'이라 들었어. 남에게 더위 사라 하면 좋은 일이 아니니, 덕을 사라 한 것일까? 발음이 비슷해서 내가 잘못 안 것 같다.

"응"하고 대답하면 정말로 더위인지 덕(德)인지를 산 것일까? 잘 모르겠어.

이 나이 되도록 아직도 모르는 게 이리 많아.

대보름날은 아무튼 좋았어. 우선 밥이 내가 제일 좋아하는 오곡 차조밥. 갖은 나물에, 맛있는 고사리 들어간 무 챗국에, 마른 이까(오징어)와 그 귀한 소고기 몇 점에 무우를 깍두기로 썰어 넣어 푹 때린(달인) '탕'에 명태-가재미-가오리-상어랑, 짭짜부리하게(약간 짠) 말린 바닷고기 먹는 날이니 기분이 좋아. 나도 장난삼아 다른 친구에게 내 덕 팔면서 웃고 떠들고….

이날 낮에는 동네 농악대가 농악을 놀았어요.

꽹가리-북-징-장구-"버꾸야 올라라!"의 버꾸춤-상구 돌리기 등 복장을 갖춘 동네 아저씨들 농악대가 무릉동 38가구 집집마다 돌면서 한바탕 농악을 놀아주고, 지신을 밟아주셨어.

꽹가리 하나만 해도 온 산천이 찢어지는데, 시골 동네가 들썩 들썩 했지 뭐.

생각해 봐. 적적한 산골에 그게 얼마나 사람 사는 것처럼 신나게 만들었을지를!

산도 들썩, 나무도 펄럭, 춤추고 싶어지는 신명나는 우리 농악이잖 아?

이제는 끊어진 풍습. 그 땐 쉽게 접하면서 즐기던 농악이, 요즘은 사물놀이 구경도 어려워.

지금 시골에서는 농악을 가르쳐 줄 아저씨나 할아버지도, 배울 젊 은이도 없으니, 이끌(이을) 수 없는 전통이 되었어. 예전에는 나이 좀 들면, '구경'이 아니라 '직접 노는 거'였는데….

그 정월대보름제는 요즘 삼척시에서는 기줄다리기, 사직제, 천신 제, 해신제, 산신제 등 전국에서도 손꼽히는 유명한 전통놀이가 되었 다.

저녁무렵에는 산에 올라가서 '쥐불놀이'를 했는데, 우린 "망월이 한 다"고 했지.

'간쓰메(통조림)'했던 빈 깡통 주워 못으로 구멍 숭숭 뚫고, 소깽이 (관솔)를 잘게 패서 꽉 찡과(끼워) 넣어 불 붙이고, 긴 줄에 묶어 공중에 휙휙 돌리면 불은 특유의 시커먼 연기를 내며 활활 타도, 참 마들게(조금씩) 타니까 오래 돌릴 수 있었어. 그 때 통조림 빈 깡통은 좀 흔한 편이었지. 삼척에 통조림 공장, 비눌(비누)공장이 있어 구하기 쉬웠던 것 같다.

일정 때 삼척에는 '유지(油脂)회사'가 있을 정도로 기름기 많은 정어리가 억수로 났대. 어른들 말씀이, "정어리가 많이 나면 나라에 좋지 않은 일이 생긴다"고 하셨어. 그 증거가 식민지 된 일이라 하셨어.

'어둑어둑해지기 전'이라 해야 맞는지, '어둑 어둑 해지기 전'이라 해야 맞는지 몰라도, 우리는 동네 친구들 모여 앞 산에 올라가 "망월이여~! 망월이여~!" 고함지르면서 온 산등성이를 뛰어다니며, 교가 사람들 다 볼 수 있게 불붙은 깡통을 허공에다 둥글게 둥글게 돌렸어.

커서 생각하니 '만월(滿月)'인 것 같은데, '망월'이라 했던가 봐. 어떤 사람들은 망월(望月)이 달에게 소원을 빈다는 뜻으로 해석하기도 하는데, 틀린 말은 아닌 같다. 아무튼 그 날은 온 콧구멍이고-옷이고-손발이고 다 시커멓게 되어도 참말로 신나는 날이었다.

그 땐 장난감이라는 게 따로 없으니, '놀거리'는 전부 우리가 직접 만들어 놀았어요. 공깃돌도 예쁘게 다듬어 만들고, 새총도 'Y'자 모양을 한 새총 나무 가지를 잘라다가, 적당히 굵고 둥근 나무에 힘주어 묶어 불에 살짝 구워서, 와인 잔처럼 둥그스럼한 형상으로 굳어지도록 만들었고, 썰매도, 팽이 깎기도, 가오리 연 만들기도, 모두 우리 손으로 직접 했어.

썰매는 앉은뱅이 두 발 짜리는 물론, 서서 타는 외 발 썰매도 있었지. 그걸 만드는 목재 준비-톱질-망치질-철사 준비-뻰찌질-썰매

작대기 만들려면 굵은 못 대가리 자르기 등 초등학생 때 그런 걸 혼자서 다 했으니, 기획력–창의성–상상력–자립심이 발달했다는 얘기지.

음력 2월 초하루 영둥날

바닷가 마을 덕산에서는 집집마다 시루떡을 푸짐하게 해서 '바람의 신' 영둥 할머이에게 풍어와 바다 안전을 비는 제를 지냈다. 초하룻날 영둥 할머니가 내려오시고, 보름날 올라가신다고 믿어서, 내려오는 영둥, 올라가는 영둥이라고도 불렀어. 영둥날이 어부(어서) 오기를 기다렸다가, 이 날 덕산에 친척이 있는 아이들은 몰려 갔지. 나도 큰고모네가 사셔서 솔방구리 구르듯 쪼르르 굴러 덕산으로 갔고. 가면 먹음직하게 두툼한 시루떡을 이따만한 접시에 내 주시네. 그 맛에 두어 번 영둥날 덕산에 갔다 온 기억이 어제 먼제 일같이 생생해요.

덕산에 오가려면 누구나 근덕면에서 제일 긴 나무 다리를 건너야 하고, 당연히 동쪽 바닷가 덕봉산을 보게 돼. 마읍천 하구의 강폭이 넓어서 다리는 길고, 개락(홍수)이 나면 영락없이 무너지니 대충 튼튼히 만들었는지, 통나무와 판자로 얼기설기 엮어서, 어쩌다 한 번 건너는 어린이가 건너기엔 무서웠지. 요즘이야 자동차가 다니는 튼튼한 다리지만, 그 땐 다리 건너기가 겁나더라. 덕산은 동네가 무척 커서, 부욱이랑 동기생 수십 명이 덕산에 살았어.

삼척시 자료를 보면, 영둥날을 기념하는 풍습은 삼척시 근덕면 덕산리가 전국에서 가장 성행하다네. 작은 동네 풍습이 전국 최고라네!

이 풍습은 고려 때부터 무려 천 년 넘게 이어온 민속행사이니, 대단히 큰 의미를 지녔대.

그래서 전에는 덕산 주민 위주 행사였던 것이 요즘은 교가리 시가한 복판에 있는 느티나무 아래서 윷놀이도 하며 '근덕면민 영등제례'로 승격시켜, 다같이 모여 즐기는 행사로 바꿨다네.

음력 삼월 삼일(3.3) 삼짇날

삼척시 자료에, 올골에서는 근산재 꼭대기서 매년 음력 3월 3일에 산신재를 지내고 있단다. 이날 우리 친구들은 각자 집에서 조금씩 가져 온 곡물로 동네 앞 산에 올라가 밥을 지어 먹는 잊지못할 추억이 깃든 날이다.

냄비 뚜껑 위에 무거운 돌멩이로 지두꽈(눌러) 놓지 않으면 산 위에서는 밥이 선다는 것도 그 때 배웠어. 산 위에서 부는 바람 시원한 데서 직접 밥을 해서 나눠 먹던 친구들 보고싶어.

벌써 몇은 저 세상에 가고 없으니…. 그날은 밥도 하고, 감자도 구워 먹는 즐거운 날이었지.

그러고는 두 패로 나눠 소나무 사이를 다람쥐처럼 빠져 다니면서, 긴 작대기를 칼 삼아 병정놀이도 했다. 나보다 한 살 아래, 키가 작아 나백이(보기보다 나이 많은 사람)로 보이는 동생들도 다 같이 어울려 놀았고. 그 때는 그다지 크지 않았던 소나무들이 지금은 얼마나 자랐는지 60년 세월에 이제는 저만큼 우러러보게 되었어.

음력 오월 오일(5.5) 단오날

이 무렵이면 뒨(뒤안) 장독대 옆에 심은 앵두가 빨갛게 익기 시작해. 단옷날에는 근덕면에서는 근덕초등학교 운동장에서 '단오놀이'를 크게 했어. 단오 축제야.

면에서도 주로 교가리 주민들이 대거 나와 갖가지 놀이를 즐겼고. 그 중에서도 그네 타기는 많은 관중을 모았다. 운동장 한 켠에 길고 굵은 통나무 기둥 두 개를 아주 높다랗게 세우고 그네 틀을 세워. 동네마다 날씬하고 매촐한(가늘고 호리호리한) 여자 선수들이 나와서 그네 타고 높이 올라가기 시합을 했지.

누가 제일 멀리 올라 가는가를 재는 데, 그네 끝에다 명주실을 달아서 그 풀린 길이로 등수를 가렸어. 우리 동네 누나가 1등을 한 기분 좋은 때도 있었고. 널뛰기할 때도 선수들은 참 멀리 올라가더군.

소분-추석-시제 -초례

추석이 가까워지면, 소분(掃墳, 벌초)하려고 6촌까지 다 모여 같이 조상님 묘에 풀을 내리러 갔다. 노끈으로 짠 줄메기(옛날식 백 팩)에 여러 자루 낫을 넣고, 절편 넣은 찬합과 과일, 술을 여러 명이 나눠 지고, 삽, 괭이도 메고, 쭐루리(줄지어) 산에 올라가 풀 내리고, 산돼지가 파헤쳐 훼손한 무덤 보수하고, 떡 제사를 올렸지. 음복은 어린이라도 조금씩 맛보게 했으니, 좀 알딸딸해도 산에서는 금방 괜찮아졌다.

그 때 우리끼리 웃으며 한 말이지만, "조상님들이 높은 산에 묘를 써서, 성묘 오는 자손들이 건강한지 시험하시는 거"라고. 지금 생각하면 그 말도 맞고, 이 나이 되어 한나(하나) 더 보태자면, 형제와 '친척끼리 얼마나 화목한가?'도 시험하신 것 같다.

어머니에게 들었는데, 무릉동을 둘러 싸고 있는 동산에는 일체 무덤을 쓰지 않는 전통이 있었어. 그 풍습은 딱히 뭐라 설명하기 어려운, 신성함을 지킨다는, 그런 신조겠지. 추석 차례 때도 "명일 차례입니다"라고 고하면서, 설날과 똑같이 시작했다.

시제(時祭) 때, 문중 사람들이 많이 모여서 제를 올렸고. 우리는 근덕중학교 옆 문중 묘역에서 어른 팔뚝만큼 굵은 절편 한 토막에, 맛이 끝내주는 마른 생선 찐 거 도(두어) 토막 얻어 먹는 재미로 참여했지. 이 또한 문중 어린이 어른이 한 핏줄임을 배우고 느끼는 시간이었다.

초롓날(결혼식날)에 외지 신랑이 가마를 타고 오면, "남의 동네 처녀 데려간다"고, 신랑에게 잿봉다리를 던지거나, 떡이나 음식에도 못 먹는 것을 넣어, 신랑이 화나게 만들었다. 이건 다 신랑과 신부를 위한 '양밥(예방 처방)'이라 생각했고. 신랑이 '사흘도백이(초례사흘 후 신랑이 신부를 데리고 처가에 오는 행사)'로 오면, 저녁에 동네 청년들이 모여, 키 큰 사람이 어깨에다 끈으로 신랑 두 발을 묶어 거꾸로 메고, 빨래 방맹이(방망이)로 발바닥을 때려서, 신부 노래도 나오게 하면서, 동네 처녀 뺏긴 화풀이도 했으니, 보는 우리는 재미있었지만, 신랑과 신부는 막 화를 내기도 했지. 허허 그 새 사흘 만에 뭔 일이 있었는지, 신부도 신랑편이 되어 동네 청년들 당황스러워 하더구먼.

아이들의 놀이

겨울에는 친구들이 윷을 쳐서 엿 내기도 가끔 했는데, 윷도 말판 쓰기가 아이들 두뇌를 좋게 만들었고, 두 패로 나눠 또래 중 머리 좋은 친구 둘(주로 근식이와 태남이)이 말판을 놓았어.

그런데 그 때 시골 동네에도 지금처럼 '24시 편의점'이 있었다는 사실. 무슨 말씀이냐고? 윷놀이 내기해서 진 편이 '분O'네 집에 가서, 밤 중이라도 불끄고 주무시는 분O이 어머이를 깨워 강냉이 포~데기와 엿을 살 수 있었으니, 그게 편의점의 원조지. 24시간 편의점. 허허. 주무시는데 깨우려니 미안했지만, 서로 좋았지 뭐. 달아놔도(외상) 되고. 한 번은, 우리 친구들의 실질적인 리더인 근식이 집에서 '삼총사' 연극을 만들어, 동네 여학생, 누나들을 불러 공연도 했고, 때론 노랫말을 개사한 재미난 노래도 불렀다. 촌에서 연극이라니, 아마 딴 동네 애들은 못 해봤을 걸?

우리는 근식이 때문에 많은 걸 배울 수 있었다. 60년이 지났지만 고맙게 생각하고. 그 때 배운 노래 가사 좀 외우고 있어요. 그 재미나고 웃기는 노래들, 시간이 좀 더 지나면 다 없어질 것들이니 여기 적어본다.

세상에 세상에 별 일도 많지 염소 다리에 찌까다비(천으로 만든 일본식 양말같은 신발) 신고 소풍 놀이를 간다네.
세상에 세상에 별 일도 많지 개구리 똥구멍에 쿨내(쿠린내)가 난다네

우리 우리 삼총사 맹세를 합니다 악골이를 잡을 것을 삼총사에게.
정의의 피가 끓는 우리 용사 악골이를 잡았다 만~만~세!

저기에 돌이 어머이 오네. 검은 담요 쓰고 오네. 머리는 파마를 하고,
하룻밤 자자고 통사정 하는 중국이와 돌이 어머이(어머니).

호박꽃도 꽃이라고 한 다리 끼나 아레이보 레보.

어두울 땐?

　동네에 전기가 들어오기 전까지는 어두울 때 어떻게 조명을 했냐고?

　양초는 제사 때나 잠깐 쓰고 껐고, 대신 집집마다 석유 등잔이 기본. 남포(램프)불도 있었지만, 기름 많이 먹는다고 웬만해선 그것도 사 쓰지 못했어. 그 때는 플라스틱이나 비닐이 귀한 시절이라, 석유를 사서 소주 됫병에 담아 도장방(아녀자 방)이나 고방(곳간)에 보관했어. 학생들은 등잔불에 머리카락이 까실리면서(그을리다) 공부하고, 나도 자불다가(졸다가) 머리카락 가끔 까실랬사요(거을렸어요).

ⓒ 고콜

　옛날 깐날에, 우리보다 훨씬 더 오래 전에는 '형설(螢雪)의 공' 이라 하잖아. 반딧불이의 빛과 달빛에 반사된 눈빛으로 글을 읽었다고. 석유 등잔이 나오기 이전에는 방안에 '고콜'이라는 것을 썼어. 조명용도였지만, 간접적으로 난방 효과도 있었는데, 그거 우리 집에도 있었다.
　고콜은 방 한 모서리 가슴 높이에 도꾸(도끼)로 잘게 팬 소깽이(관솔)

를 때는 아궁이가 있고, 소깽이에 불을 붙이면, 방은 관솔이 머금은 송진 불꽃에 따라 너울너울 불빛이 춤을 추었고, 송진 타는 검은 연기는 연통을 따라 위로 올라가 밖으로 빠지게 만든 거지.

아마 내 근덕 동창 친구들도 숭악한(엄청난) 촌놈인 나처럼 촌 집에 안 살고, 웬만큼만 살았으면 '고콜'이 뭔지를 모를 끼다. 그건 '코쿠리'라고도 불렀지.

우리 집 안방과 부엌 사이 벽에는 구멍을 뚫어 등잔 한 개 올려 놓는 자리가 있었고, 거기에 유리를 붙여 등잔불 하나로 방과 부엌을 동시에 밝혔다.

그 마저 없었으면 얼마나 어두웠을까? 불은 작아도 어두울수록 더 밝은 거야.

방에서도 등잔을 두개, 때로는 서너 개 함께 쓰면 훨씬 밝을 텐데, 석유 아끼느라 "등잔 두 개 쓰면 뭐가 어떻다"면서, 그러지도 못했지.

동네에 전기가 들어와 세상이 다 밝아졌다. 전봇대니 뭐 가설 비용이 많이 들어서 동네 방풍림을 다 베다 판 건 지금도 두고두고 섭섭하다. 300년은 조이 됐을(넉넉히 넘을) 수많은 나무를 베었으니, 동네 기(氣)가 다 빠진 것 같아.

냇물이 산문 밖으로 빠져나가는 수구(水口)의 소나무는 기운을 저장해 주는 역할을 한다. 이런 수구에 위치한 나무를 '수구막이'라고 한다. 수구를 막아 주는 나무. 수구를 통해서 빠져나가는 절의 기운을 막아 주는 역할이 바로 이 소나무들이기 때문이다. 옛날 절 아랫마을에서도 수구막이 소나무는 절대로 베지 못하도록 했다. 마을의 기운이 빠져나가는 것을 막기 위해서였다(조선일보. 월간 山).

양산 통도사 입구 무풍한송(舞風寒松)길 소나무가 일제의 강압에도 베어지지 않은 이야기는 무릉동에도 참고가 되는 말인 것 같다.

추울 땐?

그 때는 도시가스나 LPG, 지역난방이라는 게 없고, '귀뚜라미 보일러'도, '여치 보일러'도 없었는데(아재 개그) 겨울에 어떻게 난방을 했냐고?

다들 나무 때서 밥짓고-국 끓이고-군불을 땠으니 산에 나무가 배겨나? 그러니 집집마다 모탕과 도끼, 나무 쌓는 자리가 따로 있었고. 교가 쪽 사람들은 우리 동네를 거쳐 도원과 교곡 산에 들어가 나무를 했어.

추울 때 제일 큰 문제는 정랑(화장실). 우리 정랑은 방에서 한 50미터 떨어진 밖에 있었어. 배설물은 받아서 마웃(인분)으로 쓰니 내금새(냄새)가 좀 나? 그러니 정랑에 바람 잘 통하라고 출입문은 없고, 옆구리는 수꾸대비를 엮어 대충 가렸지. 한겨울에는 얼마나 추워? 비고 바람이고 다 들이치고, 눈은 수북하게 쌓였지 뭐.

중학교 때 나는 장날이면 가끔 수업에서 열외되어, 지도 선생님과 두세 명 학생들과 장터에 나가 마이크에 대고 산림녹화를 계몽하는 연사 노릇을 했어. 끝나면 선생님이 빵떡집에 데리고 가서, 우리 얼굴만한 큰 빵떡을 사 주셨으니, 그 맛 잊지 못 하겠어. 그 땐 빵이라는 물건이 귀하던 때라 낯설고, 떡이 익숙해서, 빵을 빵이라 하지 않고 빵떡이라 불렀다.

내 생각에, 우리나라 산림녹화에는 식목 활동이 2등 공신이라면, 1등 공신은 석유 곤로도 아닌, 가정용 19공탄이 아닐까? 석탄 덕분에 드디어 땔감 나무 베는 일이 팍 줄어든 거야.

그 놈의 연탄 때문에 사흘도리(아주 자주) 숱한 사람이 연탄가스에 취해 죽은 비극이 있지. 지금으로 치면 교통사고나 자살자가 많 듯, 그 땐 연탄 가스 중독사가 많아서, 나라에서는 현상금을 걸고 연탄가스 중독 안 되는 약을 공모했지만, 그건 끝내 발명되지 않고, 비닐 호스를 쓰는 온수 보일러가 발명되어서 자연스레 넘어갔어.

그 때 집들은 외풍이 심하니 난로 텍으로 질화로를 썼어. 다황(성냥)이 나오기 전이니, 화로는 '불 씨'를 보관하는 용도로도 쓰였고, 연탄불 꺼지 듯, 불씨 꺼진 집에 불붙여 주면 복이 나간다고 생각할 정도로 불씨를 소중하게 여겼지. 그러다가, 성냥이 나와 그렇게 편리하더니, 요즘은 뭐 1회용 가스 라이터, 가스레인지도 자동 점화요, 인덕션도 버튼 하나로….

더울 땐?

여름방학이면 우리 쫄래(또래)들은 공회당(현 마을회관)에 모여 장기도 두었고, 그 땐 에어컨도 없지만 선풍기도 없으니, 저녁이면 마당에 멍석 펴고, 화덕 갖다, 생 솔 가지 태워서 매군(매운) 연기에 눈물을 찔끔거리면서 모깃불을 피워 씨글씨글한(많은) 모기를 쫓으며, 화덕에 소두뱅이 두잡아(솥뚜껑 뒤집어) 지름(기름) 치고, 감재 갈아 노치 꽈(부침개 구워) 먹든가, 애호박 지지미(부침개)도 부치고, 거랑 가서 멱 감고–부채질 하다가–방문 다 열고–웃통 훌렁 벗고–모기장 치고–

모갱이(모기)한테 뜯기며-가려워도 물파스도 없으니, 손으로 벅벅 긁으며-침을 바르며 잤지 뭐. 그래도 분이 제일 많이 나는 맛있는 자지(자주색) 감자 찌고 옥수수 쪄먹던 근심 걱정 없던 그 여름 저녁이 그리워.

아플 땐?

내과. 어쩌다 걸구들린것처럼(몹시 배고파 게걸스럽게) 음식을 잘 씹지 않고 급하게 먹어 체해 복통이 생기면, 할아버지는 작은 손궤(중요품을 보관하던 궤짝)에서 한지로 싼 새카만 고약같은 걸 콩알 만하게 떼서 간장 종지에 넣고, 새끼 손가락으로 물에 개어 홀딱 마시라 하셨지.

마시고 나면 바로 잠에 빠지고, 얼마를 잤는지 몰라도 깨면 언제 그랬냐는 듯 나았어.

언제는 학교 갔다 오니 할아버지가 안 보이셔. 순사가 데려 갔대.

우리 뎬(뒤안)에 예쁘게 핀 두 송이 양귀비 때문이라나? 그게 말하자면 금지 약이 된단 말이지. 시골에서 비상약으로 좀 썼기로…. 할아버지는 며칠 후에야 집으로 돌아 오셨다.

그래도 교가에는 친구 희종이네 약방도 있었고, 친구 미자네 의원도 있었어. 회충약 먹고 몇 마리 나왔는지 세던 일, 쌔갱이(이 새끼)가 씨글씨글해서(무척 많아서), 옷을 벗어 두 엄지손톱으로 톡톡 이를 잡는 것도 중요한 일이었고, 1970년대 초까지 군대에서는 내복 겨드랑이에 DDT 주머니를 염소 젖꼭지처럼 달고 살았지.

안과. 그 땐 눈다래끼도 많이 났고, 눈병이 참 많았어. 유행성 결막

염. 그거 걸리면 해뜨는 동쪽으로 세워진 기둥에 사람 얼굴을 그리고 충혈된 쪽 눈에 못을 박으면 낫는다고, 그 거 여러 번 했지. 이런 걸 '양밥(예방 처방)'한다고 하지. 양에게 줄 밥을 만드는 게 아니고(아재 개그), 그 땐 왜 그리 눈병이 많았는지….

할아버지는 연세가 많이 드신 후 양 눈에 백태가 끼어 앞이 안 보였어. 어디서 처방을 받으셨는지, 소금을 백 번 볶아 그 가루를 눈에 넣으셨다. 나도 열심히 화롯불에 올려놓고 볶기를 도왔고, 요즘 같으면 수술로 간단히 해결될 것 같은데, 눈에다 그 짜군(짠) 소금을 넣었으니 눈이 어타(어떻게) 되겠나?

치과. 외탁을 해서 이빨이 두 줄로 나서 심한 뻐드렁니로 고생하던 나는 동네 아저씨가 뻰찌로 생 이빨을 몇 개나 뽑아 주셨어. 이가 그렇게 나면 힘이 장군이라 했지. 그 때 X레이 사진이나 국부 마취 그런 게 어디 있어? 썩은 이빨이야 뭐 실로 감아 등띠기(등어리) 탁! 치면서 놀램쩔에 뽑아버리는 건 다 알 거고. 뽑은 이는 초가 지붕 위로 힘껏 던졌지. "새 이빨 잘 나게 해주세요!"라고 빌며. 무성하던 그 이빨 70년 넘게 썼댕이까내(썼더니) 이젠 많이 닳았어.

피부과. 그 땐 나도 심했지만 애들한테 '헌 데(부스럼)'가 참 많이 났고, 곪은 게 빨리 터지라고 목화씨를 씹지 않고 삼켰어. 그 때 말이야. 친구 선종이가 미제 빨간 약(아카징끼) 선물로 갖다 준 그 약. 이웃집 애들 모간지(목)나 머리통에 툭툭 불거진 헌 데에 발라주니, 벌겋게 성을 냈던 것이 하룻밤 새 쑤들쑤들(시들시들)해 지더라고. 그 집 부모들 엄청 고마워 하셨지. 미국 의료 수준이 그렇게 높은지 그 때 알았어요. 그냥 두면 일주일은 성내고-아프고-곪아 터져야 아물기 시작하는 건데.

고등학생 무렵에 페니실린 606호라는 게 나와서, 헌 데가 심하게 나면 야매(뒷거래) 의사한테 찾아가서 주사를 맞았어.

약을 써도, 뭘 해도 낫지 않는 병은 어떻게 고쳤냐고? 요즘은 "큰 병원에 가보라"하지만, 그땐 하다하다 안 되면 며칠 동안 굿을 했어. 굿은 아무나 못했고, 부잣집 할머니 아프셔서 굿할 때 가 봤는데, 다른 동네 할머니들도 저녁 일찍 잡숫고 굿 구경하러 많이들 모였다. 며칠 동안 굿을 했는데 할머니 병이 다 나았어. 굿이 미신이 아니라고 믿으려면, 실제 굿 판에서 무당이 하는 행동을 보면 돼. 요즘 종교의 시각이나 과학적 시각으로는 도저히 믿을 수 없는 일들이 눈 앞에서 일어났지.

빨래는?

거랑가에 사는 집들은 다 거랑에 나가 빨래했고, 세탁기도-건조기도-세제도-탈취제도 없고, 비누도 귀하던 시절이라, 부엌에서 나무 태운 재를 이용해서 집집마다 양잿물을 내려서 세제로 썼어. 마당을 가로지르는 녹 안 스는 철사 줄에 빨래 널고 꾕금대(바지랑대)를 받치면 잘도 말랐지. 삼베 수건 생각이 나요. 그거 여러 식구가 베 수건 하나로 며칠씩 닦았어. 베 수건은 삼베 특유의 살균효과가 있어서, 식구가 같이 써도 피부는 다들 괜찮았고. 웬만해서는 쉰 내도 잘 안 났고.

먹는 물?

웬만큼 사는 집들은 그래도 뒨에 뽐뿌(펌프)가 있어 마중물 붓고 쑤리면(펌프질하면) 물이 나왔어. 못사는 사람은 비위생적인 공동 우물에 가거나 웅굴(샘터)에 가서 길어다 먹었고, 여자들은 비가 오나 눈이 오나 물동이를 이거나 물지게로 져 날랐다. 시골엔 아직 수도라는 게 없을 때, 서울 가서 수도꼭지 트니 물이 나오더라네, 그걸 보고 온 친구가 한 말 때문에 우리에게는 '재탈(겨드랑이) 털'과 함께 "틀면 쇼ㅏ!"라는 '석 자 유행어'가 공전 다닐 때 학교에 생겨났어.

그러다가 새마을 운동으로 동네마다 '간이 상수도'를 놓고 자동 펌프가 설치되니, 부엌에서 수도꼭지 틀게 되었어. 우물물 길어 먹다가 희한하더군. 쿠테타였어요. 물동이로 여 나르거나, 잠 못 자고 새벽같이 샘터에 나가 물지게로 길어 오던 일 생각하면 천지개벽이었지.

이런 걸 혁명이라 해. 삶을 편하게 하는 생활 혁명. 그런 혁명은 많이 일어날수록 좋아. 그래서 나는 '혁명'이라는 말을 참 좋아해. 삶의 어려움을 겪지 못한 사람들은 혁명을 참 싫어하지.

검은 선글라스에 전차와 총, 또는 촛불로 정권잡는 것만 혁명으로 아는 것 같아.

어머니는 형제들이 웅변대회 나가는 날엔 다들 잠든 새벽에 물지게를 지고 바닷가 웅굴(우물)에 나가서 수지(첫) 물 떠다 소반에 놓고 조상님께 빌어 주셨지. 그 덕에 1등도 좀 했고.

재깨미 올라 고추가 퉁퉁 부은 소년

그 때 유무(알미늄) 그릇은 발쌔(벌써) 나왔고, 나이롱(나일론) 양말이 나와서 그 질경이 같은 '질김'에 감사했고, 아직 플라스틱 그릇은 귀해 목욕을 하려면 욕조도 큰 그릇도 없으니, 명절 전에는 큰 댁의 뜨뜻하게 데운 소여물 구이(구유)에 올라가서 때를 퉁퉁 불궈(불려) 베꼈지.

암소가 꼬질(마른 짚)도 먹고, 여물도 먹다가, 그 큰 눈으로 내 고추를 들여다 보는 것 같아, 황급하게 감추기도 했지.

오줌싸면, 나락 까부는 '치(키)'를 쓰고, 소금 얻으러 큰 댁에 갔어. 우린 이불에 오줌을 싸는 건 "싼다"고 했고, 일상적인 오줌 배변은 "눈다"고, 품격있게 '가려서' 말했다.

그 땐 할아버지 옥식기랑 뽁직개(밥뚜껑)같은 놋그릇 닦을 때 기왓장을 깨서 가루로 만들어 닦았어. 그 갉(가루)을 만지다가 쉬할 때 손 안 씻고 고추 만지면, '재깨미 올라서' 고추가 말갛게 당나발(퉁퉁 부음)이 되었다. 그건 소녀들은 모르는 소년들만의 애환이었다.

손톱깎이라는 것이 없던 때니, 돋을돋을한(약간 우툴두툴한) 벽에다 손톱 끝을 갈기도 하다가, 광목이나 옥양목 가심(천) 자르는 큰 가새(가위)로 왼 손, 오른 손 다 쓰며 손발톱 뽚았으니, 손재주가 많이 발달했고. 그러다 훗날 손톱깎이가 나왔을 땐 얼마나 좋던지!

주전부리

그 때 군입질로는 복숭아와 감. 꽤추(자두)는 귀했고, 감은 뭐 동네가 감나무 밭이라 흔했어. 황금색으로 잘 익은 왕감을 손으로 힘주어 쪼개면 분이 파삭파삭 나서 떫지 않고 맛이 좋아. 한꺼번에 두세 개 따 먹었다가 똥구멍이 막혀서, 나는 궁딩이를 쳐들고, 할머이가 꼬챙이로 파내 주신 일도 있었지. 생감 많이 먹으면 속이 엄청 대릅다(거북하다).

감은 색인(삭힌) 감, 반물래기(반 잘 익고, 반은 좀 덜 익음), 홍실(홍시),

곶감, 곶감 껍데기, 곶감 삐지미(껍질째 썰어 말림) 등 여러 상태로 먹었어. 할아버지가 거동이 불편하실 때, 아침 쩔에 반물래기 한 개 따서 할아버지께 갖다 드리면 참 좋아하셨어. 그것 말고도 '침감'도 있대.

맛있기야 잔 감자 썪혀서 가루를 받아 만든 송편이 제일이지. 할머니가 밀갉기(밀가루)하고 콩갉그(콩가루를) 썪까 이게가주고(섞어 반죽해서) 넙적한 안반(나무 판)에다 홍두깨로 국시(국수)를 만들어 이리꾸(메리치. 멸치) 좀 넣고 끓여 주시는 손칼국수에 깨보시이(깨소금)하고 꾀미(고명) 얹어 먹는 맛 끝내줬고. 국시 꼬랑디기(꽁지) 받아, 정지(부엌) 아궁이에서 부지깽이로 끄집어낸 알 불에 구우면, 이양(금방) 뽁쟁이(복어) 배처럼 부풀지. 시루떡 장사 때는 떡 실기(시루)에 붙은 팥고물 뜯어 먹고, 미국 원조 '우유 가리(가루)'를 반죽해서 도시락 통에 넣어 밥할 때 솥에 넣고 찌면, 딱딱한 밀크 쿠키가 되지. '강냉이 가루' 찐 것도, 월동추 뿌리기(뿌리) 캐다 먹으면 기가맥혀. 미역 꾸딩이(미역귀), 말린 감껍데기, 아 참! 감재 소디끼(감자 누룽지). 그거 숟가락으로 힘들여 떼내 먹으면 짱! 그 맛 이적지(여태) 잊을 수 없지. 밀주 걸르는 날은 술매각지(찌꺼기) 집어 먹다가 취해서 어리~했지.

우리들의 창가(唱歌)

그 땐 TV도 없었는데 만화도 못 보고 게임도 못 하고 어떻게 놀았냐고? 학원에는 안 갔어도 애들은 시간이 없었어. 다들 소멕이거나 꼴베러 가거나, 나무하러 가거나, 새끼도 꼬고, 장작도 패고, 농사일 하느라 공부할 시간이 없었어요. 어른들이 일하러 나가시니 예나(여자아이)들은 감자를 깎아 저녁거리 준비도 하고. 장난칠 거 다 치고, 노래 부를 거 다 불렀어. 창가(노래) 한 자리(곡) 들어 볼려?(볼 테야?)

인물만 잘나면 남자인가요? 낫 놓고 기역자 몰라도 사회에 나가서 돈만 잘벌면 이것이 남자의 남바 완.

얼굴만 예쁘면 여자인가요? 곰X나 째X면 어때요? 아들 딸 잘낳고 남편 섬기면 이것이 여자의 남바 완.

어때? 요즘에 비해 당시 세태가 어떠했는지 짐작가지?

그 때를 저질이라 하기보다는, 자유롭고, 천진난만했다.

만물상 방풍림 수풀과 시골 마당 풍경

지금은 애들 노는 기 그 때와는 다르지만, 혼자서 뭘 궁리하고 처리하는 능력은 요즘 애들보다 옛날이 더 낫지 않았을까? 아닌가? 요즘은 TV만화를 많이 봐서 더 똑똑한가?

동네 방풍림 수풀은 온갖 식물의 보고였고, 철 따라 군입질거리도 제공했다. 수풀에는 이지가지(온갖 짓) 다 있었다. 찔레 순, 야생 딸기, 천도 복숭아, 개 복숭아, 돼지 감자, 꽴 나무도 있어서 계절마다 조금씩 먹거리를 주었어. 큰 가시 돋은 황사목은 누에치기 뽕잎 모자랄 때 보충용, 요즘은 찾아보기도 어려운 '신문닢(나무 종류) 나무'는 잎사구(잎)를 따다 밥에 같이 넣어 쪄먹는 곡물 보충용. 먹을 수 없는 '하늘 수박', 잘못 만지면 눈이 까진다는 '눈까지비 풀'도 있었다. 멋 모르고 스쳤다가 '문딩이 간나(식물 이름)'한테 쏘키모(쏘이면) 그 자리가 바로 부어 올라. 무척 가렵고 따가워. 돗채사(화나서) 작대기 하나 만들어 그 풀 아주 매조져(짓이기다)버렸지. 작살을 내도 따가운 건 어쩌지 못했어. 가려워 계속 침을 발랐지. 요놈이 얼마나 영리한지, 줄기와 잎에 잔뜩 돋은 그 침들을 빤히 바라보면서 손가락으로 건드리면 안 쏴요. 눈깔(눈알)이 달랬는지(달렸는지) 약아빠졌다니까. 매촐한 나뭇가지가 필요할 때도 어느 때나 가서 낫으로 탁 찍어다 쓸 수 있는 집 옆 '목공소'같은 방풍림 수풀. 굵은 가지는 목낫(무겁고 두꺼운 조선 낫)으로 한 방에 척! 자르지.

한 날은 내가 그 무거운 목낫을 잘못 놀려 나무를 붙잡은 왼손 엄지 손가락을 콱 찍었으니, 피는 쏟아지지, 그래도 피를 멈추게 하려고 꽉 누르고, 집에 와서 '바짝 마른 한치 뼈'를 갈아서 발라 싸맸다. 어른이 안 계시는 집에서 울어봐야 도와줄 사람 하나 없다는 걸 아니, 어린 애가 울지도 못하고, 그 일로 내 왼손 엄지는 지금도 짧고, 손톱은 약간 기형이야.

집 뒤편 숲 오래된 상(향)나무 가지는 톱으로 잘라 큼직한 팽이를 깎으면 참 모양이 났지. 가운데 심이 빨간 색이니 팽이 모양이 예쁘지. 상나무 붉은 속 살은 발라서 할아버지 손괴에 따치 보관했다가, 차례 때나 제사 때 꺼내 향으로 쓰려고 연필 깎듯이 조금씩 깎아 썼고, 그리고 그 일은 어리지만 언제나 내 몫이었지.

요리에 향신료로 넣는 채피(산초) 열매는, 뿌구리탕(추어탕) 고기 잡을 때 이 나무 가지를 잘라 작대기로 두드려 진물이 나게 해서, 거랑 상류에 던져 놓고 중류로 뛰어와서 기다리면, 금세 허연 배를 드러내고 떠내려 오는 꺽장우, 똥꼬, 지름종가리(물고기 이름), 은어…. 건지기만 하면 되는, 물고기에게 강한 독초다.

지금은, 방풍림 수풀이 있던 자리 '나의 만물상'은 어디 가고, 이젠 그 자리에 자동차 도로가 생겨나고, 도로보다 더 높게 황량한 콘크리트 제방이 쌓여 있어.

'계곡은 깊고 산은 높다'가 아니고, '강바닥은 높고 제방도 높다'이
다.

넓은 마당에는 풀도 많이 나고, 땡볕에 버쩍 말랐다가, 장마에 진
흙탕이 되었다가, 사철 별 일 다 벌어져. 맑고 더운 날 마당은 순 개미
판이야. 특히 추녀 밑 돌 틈새는 개미집이 꽉 들어찼지. 큰 개미 작은
개미, 쌔까만 놈, 갈색, 날개 달린 놈, 수만 마리가 줄지어 하얀 애벌
레를 이고 이사 가는 녀석들, 말라 비틀어진 찔꿍이(지렁이)를 영차 어
영차 운반하는 녀석들…. 장마철엔 어떻게 안 죽고 살아 남는지…. 각
중에(갑자기) 소내기(소나기)가 때릇는(쏟아 붓는) 나불에(바람에) 마당이
온통 물바다가 되면, 개미집 구멍으로 물이 들어가 익사할 텐데, 어떻
게 살아 남는지…. 여름에 소나기 속에 미꾸라지가 섞여 하늘에서 떨
어져 마당에서 꿈틀거리는 것도 봤어요. 믿기 어렵겠지만, 나는 내 눈
으로 똑띠기(확실하게) 본 걸 어떻게 해?

어디선가 냇물에서 용오름 현상이 일어날 때 하늘로 휩쓸려 올라
갔던 물고기가 소나기와 같이 떨어진 것 같아. 긴 장마철이 지나면,
온갖 채소들은 잎에 흙이 튀어 철갑이 되고(흙투성이), 찢어지고, 을쌀
맞아(심하게 시달려서) 한 동안 기를 못 폈어.

다람쥐 낚기

마당가에 고얌나무와 감나무, 뒤안에는 장독 가 앵두나무, 뒷밭 복
숭아 나무, 디딜방아 가는 길 옆 뽕나무, 햇볕 잘드는 앞마당 빨랫줄
얼룩대, 마당 가 작은 꽃밭에 도라지랑 여러 꽃들, 밭 가 돌 둑 위 소

나무 몇 그루, 산딸기도 많고, 뱀도 나오고, 처마 밑에 곶감과 지네 엮어 말리고, 벼 이삭 주워 디딜방아찧던 생각도 생생하네요.

여동생이 기억하는 고향집 풍경이다. 가을 마당에 멍석펴고 곡식을 말리면, 숲에서 살던 다람쥐가 귀신같이 알아차리고 찾아오지.

다람쥐 잡는 법 알려줄게. 대나무 장대 끝에 홀치기(올가미)를 매달고, "다람아 다람아 춤춰라 모개 저고리 해주마"하고 계속 노래하며 살곰살곰 다가가면, 요 녀석 정신이 빠져서 눈을 빤히 뜨고 바라보면서 가만히 있어. 홀치기가 목에 걸려도 가만 있다니까 글쎄. 그걸 조심해서 살짝 낚으면 산 채로 잡을 수 있는데, 내가 지레 놀래서 확! 낚아채면 어! 그 다음은 말 안 할래. 그 다람쥐 꼬리로 붓을 만든다고 용을 써보기도 했지만 실패했고. '모개 저고리'가 뭔지는 지금도 몰라. 모르는 것 또 추가. 그런데 다람쥐 잡는 방법과 노래는 누구한테 배운 걸까? 잊어버렸다. 그기 뭐 안주도(아직도) 생각나겠나?

눈 치우기

바람도 불지 않는 한겨울 한밤중에 소리없이 내리는 함박눈 무게를 이기지 못해 소나무 가지 부러지는 소리가 "(와지끈) 쩡"아니면 '(우두둑) 뚝" 소리가 요란했어. 아침에 일어나 보면 방풍림과 뒷동산에는 큰 가지가 부러진 많은 설해목(雪害木)을 볼 수 있었어.

"어이구 뭐야? 가지가 한 번만 휘청 휘어졌어도 수북이 쌓인 눈을 다문 얼마라도 쏟아 내렸을 텐데, 그러지 못하고 푸른 솔잎에 내려 앉은 눈 무게를 끝까지 버티다 결국은 우지직 부러지고 마는, 우직한 절개인가?". 어떤 때는 소나무 중둥이(줄기 중간)까지 부러지는 그 소리는 참으로 눈이 많고 소낭기(소나무가) 많았던 그 옛날 '고향의 소리'야. 그 땐 아침에 우물 가는 길 눈 쓸어내는 게 나의 일이었어. 할머니 우물물 여(이고) 나르시기 좋게. 그 때는 눈을 쓸고 돌아서면 길은 하얗게 덮일 만큼 눈이 많이 왔어. 요즘하곤 완전 틀려.

거랑과 장광

여름에 무릉천 거랑 가 그다지 높지 않은 바위에서 다이빙도 했던 쏙, 그 세 개의 쏙은 지금은 메워져, 위치는 알지만 형체는 찾기 어려워. 몹시 덥던 어느 여름날. 몽상(허물)을 벗고 어른이 된 매미가 요란스레 노래하던 때. 아무도 보는 사람 없는 시골 집 뒤 쏙에서, 혼자 홀랑 벗고 담방구질(자맥질)도 하고 다이빙도 하고, 헤미(헤엄)도 치고 노는데, 갑자기 두 살 위 정자가 나타나는 거야.

정자는 옷을 다 벗지 않고 속옷을 입은 채로 쏙에 쏙 들어 오는데, 나는 본능적으로 무슨 보물처럼 두 손으로 거시기를 움켜쥐고 물 속에서 목만 내민 채 오래 앉아 있어야 했어.

정자가 간 후에야 겨우 물에서 나오니, 이빨이 덜덜 떨리고 추워 혼났지.

언젠가 그 장광에서 동네 사람들이 삼굿하던 날

그 날은 개장국을 끓여 먹는 풍습이 있어서, 어른들이 장에서 사온 개 한 마리를 끌고 방풍림 소나무 가지에 목줄을 걸어 몽둥이로 뚜

디래(두들겨) 패기 시작했어. 개고기 맛이 좋아지라고 그러는 끔찍한 장면은 사실은 이제는 기억에서 아련해.

아이고! 죽어라 두들겨 맞던 개가 죽기 살기로 버둥거려서 끊어졌는가? 어떻게 목줄이 빠졌는지 그야말로 꽁지 빠져라 도망치던 개. 그 개가 자기 집으로 돌아갔는지 그건 모른다. 이건 동네 사람들이 야만적이었다고 말하려는 게 아니야. 그게 풍습이었는데 뭘.

시골 다리와 신작로

초등학교 시절, 비는 늇날같이(억수로) 쏟아지고, 그 때 뭐 우산이 있나 우비가 있나, 모자가 있나 책가방이 있나. 개락(홍수)이 나서 무릉동네 입/출구 나무 다리가 다 떠내려 가버리니, 우리 동네 학생들은 학교 뒤편 지금의 관덕정 옆 오솔길로 등띠기(등)에 책보를 비스듬히 묶고 뛰어 다녔지. 암만 빨리 뛰어도 책이고 거시기고 다 젖었어.

도원이나 다리실(교곡리) 학생들도 그 동네 다리가 떠내려갔으니 당연히 농지리(모두) 결석. 덕산 다리도 다 끊어지니, 배타고 건너 오기 전에는 결석이 많았지 뭐.

옛날 중학생

우리 땐 중학교 졸업할 때 '싸인지'라는 걸 친구들에게 돌려서 기념으로 남겼어. 요즘처럼 복사기가 없으니 수십 장 손으로 그림을 그려가지고. 이 글은 졸업 싸인지는 아니고, 중2 때 국어 선생님이 "문집을 만들라"고 방학숙제를 내셔서, 친구 홍성래 문집 속에 들어있는 내 작품이다.

모조지에 펜촉으로 쓴 글 복사본이다. 펜대, 그거 쓰면서 잉크 참 많이 쏟았어. 그런 거 요즘은 안 쓰지.

그 때, 싸인지에 유행하던 등대와 크리스마스 카드의 촛불과 호랑가시 나뭇잎을 옮겨 그린 건데, 선생-떡발-돼지코 세 사람이 나오는 내용 웃기네.

여태 이걸 보관하고 있는 친구가 고맙고, 개인적으로는 내 일생에 남아있는 작품으로는 가장 오래된 것이라 반갑다. 글자 한 자 안 틀리고, 잉크 한 방울 안 흘리고 쓴 것 좀 봐. 내가 이렇게 컸다는 걸 보여주려고. 캄캄한 시골 밤에 등잔불 마주하고 추억 만들기 싸인지에 그림을 그리느라 꾸불티린(구부린) 소년을 떠올려 봐. 선생님은 문집을 "잘 만들었다"고 칭찬하시면서, 여학생이 절반인 2반에 데려가서, 내가 직접 글을 읽게 해 주셨으니, 기분이 막 날아갈 듯 우쭐했지. 사춘기였으니. 내 그 문집은 언제인가 없어졌다. 무척 아쉽다.

그 무렵 그 귀하던 종이가 많이 보급되면서, 종이 종류도 많아졌어. 누런 '똥종이'는 막 쓰는 용도, 화장실에서도 쓰였고, 노르스름한

연습장 종이는 지금도 잘 쓰이고, 미롱지는 먹지를 사이사이에 끼워서너 너덧 장씩 포개 볼펜을 꾹꾹 눌러 쓰고, 도화지, 백노지, 모조지, 갱지, 양면괘지 등으로 불렸어.

동산에 올라

동쪽은 트여있어 산이 없지마는, 북-서-남으로 동네를 싸고 있는 산은 다 '동산'이라 불렀으니 동네 산이라는 뜻이었나 봐. 그게 동네 소유인 줄 알았는데, 동네 세력이 약해져 상당 부분 산 임자는 다른 동네 사람이야. 서쪽 동산에는 굴피를 채취하는 꿀밤나무(참나무)와 땔감을 제공하는 소나무가 우거졌었지. 시야(형)하고 둘이 장대 두 개를 이어 묶고, 끝에 낫을 단단히 묶어, 키 큰 소나무 삭다리(죽은 가지)를 따고, 떡꺼지(썩은 그루터기)를 발로 툭툭 쳐서 뽑아 땔감을 장만했던 뒷동산, 특히 깍쟁이(갈퀴)로 긁어 모으는 갈비(솔잎 낙엽)와 솔방구리(솔방울)는 최상의 불쏘시개 겸 땔감이었다. 동산 코데이(급경사 능선)를 타고 올라가 꼭대기에 서서 농쪽을 보면 저 멀리 바다, 서쪽을 보면 산봉우리들이 꽉 찬 태백산맥 풍경이 보였다.

"친애하는 소나무 제군 여러분!"하면서, 가짓껏(힘껏) 소리기(소리) 질러 메아리를 들으며 목청 다듬고 웅변 연습하던 곳, 참꽃(진달래)도 도라지 꽃도 아름답게 피던 동산의 추억. 그 산에 곳집이 있어, 상여 틀과 장례 도구를 보관했는데, 어쩌다 그 옆을 지날 땐 오금이 저렸지. 동네에서는 아저씨들이 함께 나와 꿀밤나무 껍질(굴피)를 채집해 나눠 썼다.

외가와 어머니

어머니는 객지생활을 마감하고 고향집에 돌아오신 후 부지런히 농사를 지으셨어. 굶주리면서도 악착같이 자식들을 공부시킨 어머니는, 근덕면 큰들(대평리)의 명필이요 훈장인 외할아버지의 아들 없는 집 여섯 번째 공주님. 딸들에게는 글을 안 가르쳤어. 그런데, 어머니는 서당 학동들 어깨너머로 한문과 한글을 깨우친, 분술하면(자세히 말하자면) 천재 처녀였네.

외할아버지는 손수 천자문을 써 책을 매어 외손자인 내 형에게 주셨지만, 딸들에게는 글자를 안 가르치셨으니, 글을 하시는 분도 그랬으니 뭐, 당시 풍습이라는 게 너무 나빴지.

그 힘들었던 왜정 때도 많이 배운 사람은 일본유학까지 했는데, 글자 모르는 사람 좀 많았어? 특히 여자들은. 그 틈에서 글자를 아셨으니, 젊은 시절의 어머니 삶이 얼마나 갑갑하셨겠어? 그래 그러셨는지, 후일 객지 생활에 그야말로 온갖 고생을 다 하시면서도 자식들에게는 악착같이 교육을 시키셨어.

한 번은 엄마하고 됫 병 소주를 들고 외가에 갔는데, 무릉서 대평까지 그 먼 길을 걸어 걸어 거의 다 가서는, 징검다리를 건너다 그만, 고무신에 땀이 나 미끄러워 넘어지면서 병은 깨지고 말았지 뭐야. 오랜만에 절을 올리는 딸에게 "뉘기요?"라시던 외할아버지….

어머니는 살면서 많은 걸 가렸다. 집에 못 한 개 박는 것도 일진을 짚어서 동서남북 방위를 따졌고, 가급적 손 없는 날에 메주 쑤고, 장 담고, 김장하고, 손 없는 방향에 가구 옮기고….

참고로, 음력 1, 2일은 동쪽에, 3, 4일은 남쪽, 5, 6일은 서쪽, 7, 8일은 북쪽에 손이 있고, 9, 10은 손이 없다. 큰 가구를 옮겨 놓거나, 먼 길 가거나, 참고할 만하다.

고향의 색깔

무릉동에서는 건장한 화딩이(황소)를 키우는 집에 암소를 몰고 가 힘들게 덩꿍는(교배시키는) 장면도 보았고, 참밤(밤) 나무가 있던 '밤고개'에 밤에 호랑이 눈에서 나는 번쩍거리는 빛을 보고, 멀리서 그 광경을 같이 본 많은 청소년들이 다같이 소름이 돋았지.

그런데 정작 호랑이 불보다 더 무서웠던 건, 가옥의 불빛은 고사하고 하늘도 안 보이는 정말로 캄캄한 밤의 검정색이었어.

도시의 스카이 라인처럼 시골에도 '마운틴 라인(Mountain Line. 아재 재치)'이 나타나기 마련인데, 어느 날 밤 늦게 집으로 돌아오는 길의 '천지가 하나로 완전한 검은 색'은 너무도 무서웠다. 그게 내겐 잊혀지지 않는 고향의 색(色)이야.

'삼국지 노래'를 아시나요?

집 부근 방풍림 속에 작은 팽구나무가 있었지. 작은 댁 할아버지가 딸을 위해 매신 그네도 탔고, 나무에 올라가, 그 때 어떻게 구했는지 기억은 없지만, 귀한 하모니커로 '삼국지' 노래를 불어 재끼면 더운 여름에 기분도 시원해졌다.

그 일은 지금 생각해도 이상하다. "도원에서 맺은 형제. 관우 장비 유현덕은 한실을 바로 세워 통일 천하 이루고저"로 시작하는 삼국지 노래를 그 때 내가 하모니커로 불렀다니?

중국의 역사소설 삼국지 얘기를, 우리나라에서 누가 작사했는지, 어떻게 곡을 붙여 근덕면 시골 촌나나(촌놈)가 하모니커로 불었는지, 참 이상하단 말이야.

아무튼 몇 년 전에 원덕면 출신 친구 광진에게 물어봤는데, 마침 그도 그 노래를 외우고 있어서, 둘이 입맞춰 노래를 불렀으니, 우리 동네에서만 불렀던 건 아니야.

그 시절에 그만큼 중국이 우리 생활에 가깝게 와 있었다. 어릴 때 동네 공회당에서 이따금 두었던 장기. 장기 알 궁(宮)의 크기가 어른 손바닥만하게 큼직했던 장기판이 공회당에 비치되어 있어서 마을 사람들이 같이 사용했지. 그 장기가 바로 장량 선생이 활약한 중국 초(楚)나라와 한(漢)나라의 게임이 아닌가.

이 글을 쓰는 나도 지금 어쩌다 1600여 년 전 〈도화원기〉에 이르고, 2200여년 전 무릉원에 이어지는 것이 신기하다. 이건 친중-사대주의-속국 그런 개념이 아니다. 워낙 역사적으로-문화적으로-지리적으로 가까울 수밖에 없는 조건들이 두 나라 사이에 있는 건데, 수천년 동안 어떤 일이 있었는지 알 수가 없다.

"한국은 실질적으로 중국의 일부이곤 했다." 시진핑 중국 주석이 2017년에 트럼프 미국 대통령과 정상회담하면서 그렇게 말했다. 불과 4년 전 이야기다. 중국입장에서 그리 볼른지 몰라도 중국 주석 틀래먹았사(올바르지 못해). 참 못돼빠졌다(나쁘다). 아매(아마) 유교 종주국이라고, 조선조가 너무 굽실거리고, 조공바치고, 왕의 취임 허락을 받으며 쩔쩔맨 역사는 있어도, 그건 속국과는 다른, "약소국가가 유연한 생존 방법을 택했다"고, 우리나라에서는 역사를 그렇게 가르치고 있지.

동이족은 우리 조상님들

단군조선-고조선-고구려-고려가 중국을 능가하는 강대국이었음을 생각하면, 조선조는 할 말은 없다. 우리가 지금 "중국의 동쪽은 실질적으로 동이족 땅이었다"고 말하면, 중국인들 발끈하겠지? 그 정도로 놀랄 일이 아닌데. 요하 문명을 얘기하면 어떻게 나올 거며, 우리 역사는 '갑골문자를 가진 1만 년'이라는 환단고기(桓檀古記)를 말하면, 또 어찌 나올까?

단재 신채호 선생은 중국의 산동, 산서, 하북 발해만, 하남성 동부, 강소성 북부, 안휘성 동북 각 지방의 이른바 동이족은 조선족으로 보았다(서울대 신용하 교수).

거기에, 흉노족(훈족)이 한반도로 건너와서 세운 나라가 '신라'라는 게 밝혀졌으니, 흉노가 살았던 땅은 예전에는 우리 선조의 땅이 아닌가? 가까운 사실로 백두산 이북 간도 땅은 본래 우리나라 땅이요, 일제 때 독립운동가 후손도 많을 텐데, 압록강 두만강 북쪽에 살다 보니, 일본이 을사늑약 후 '간도협약'을 맺고, 중국으로부터 이권을 받는 대가로 국경선을 저리 그어, 지금은 북한인도 아닌 중국인 조선족이 되었다. 우리가 긍지로 여기는 광개토대왕비가 중국 땅에 있다. 그 고구려 역사를 '중국의 변방국으로 변조'하는 동북공정은 지금 우리 남북한의 힘이 약해서 하는 못된 짓거리다.

5천 년 전에 지금의 중국 땅 동북쪽이 단군조선, 고조선 땅이었고, 북경 지역을 포함한 중국 땅 동쪽의 넓은 땅도 고조선의 영향력 하에 있었다고 주장하는 게 이상한가?

환단고기의 '환국-배달-단군조선' 주장에 대해 "역사적 근거가 적다"면서 '애써' 부정하려는 국내 학자들에게, "임자 해봤어?"라는 정주영 회장님의 말씀을 상기시켜주고 싶다.

일본이 우리 상고사를 지웠고, 중국도 우리 역사를 바꾸고 있는데 무슨 소리들 하는 건가?

조선조 말까지도 조정에서 단군왕검에 제사를 지냈고, 일제가 단군을 신화로 만든 이래 학파, 종파로 갈라져, 단군은 신화 속 인물로 가두었고, 이적지(여태) 바로잡지 않으니, 학파나 종파는 참 무섭기도 하지만, 한심스럽기도 하다.

그런 학술적 근거는 학자들에게 맡기고, 나는 전설과 말로 전해지는 얘기들만 말하겠다.

중국이 만리장성을 쌓았던 이유는 "동이족(동쪽에서 큰 활을 지닌, 활 잘 쏘는 민족) 즉, 우리 한민족이 무서워서"라는 얘기는 많이 듣고,

만리장성은 중국이 쌓았는데, 왜 "하루 밤을 자도 만리장성을 쌓는다"는 속담이 우리 나에서 많이 말하는가?

전쟁의 신(神) 치우천왕(蚩尤天王)은 붉은 악마의 도깨비 원형이기도 하고, 한국인들이 몹시 숭앙하는 인물인데, 중국 먀오족은 자기네 조상으로 모시는 거나,

한고조 유방(劉邦)은 동이(東夷)족은 아니지만, 치우(蚩尤)에 제사 지내고, 희생의 피를 북에 바르고, 북을 치고 깃발을 날리며 전투에 임했다거나,

경남 진해 天子山 밑에서 태어난 사람이 중국에 가서 천자가 됐다는 전설이 있고, 주왕산 전설처럼, 중국 왕손 주도가 반기를 들었다가, 마장군의 추격에 쫓겨 청송군 주왕산에 피신오고, 주왕굴에서 살해되고, 그래서 피어난 수달래의 슬픈 전설이 이어지는 것이나, 진시황이 제주도까지 불로초를 구하러 사람을 보냈다는 것,
바보라는 뜻의 우리말 '여버리'가 실은 중국인 '여불위'에서 나온 말이라거나,
바보 의미의 '등신'이라는 말이, 사마의가 제갈공명의 등신대 인형을 보고 겁먹은 사건인데, 그게 우리나라에서 평상어가 된 점 등등.

우리 할아버지들은 중국관련해서 많은 얘기를 들려주셨다. 복희씨 (伏羲氏)와 신농씨(神農氏)라는 이름도 그 때 들었다. 그런데 수천 년 전 얘기를 할아버지들께서는 마치 별로 오래되지 않은 된 역사인 양 거침없이 말씀하셨으니, 훈장님이 할아버지들의 친구이셔서 그럴 수도 있지만, 암만 생각해도 이건 정말 보통 일이 아니라는 생각이다. 그게 정말로 중국역사라면, 할아버지들이 그리 술술 말씀하실 수가 있었을까? 지금 우리는 그 이름도 거의 모르고 살지 않는가?

복희씨는 고(古)중국에다 고조선의 선진 문명을 전해주었고, 신농씨는 보습과 가래를 만들어 고중국에 농경을 전파한 고조선 동이족이다 (신용하 교수).
물론 중국에서는 그 분들을 중국 '창세 신화'라고 하니, 당연히 우리와 의견이 엇갈린다.

무릉의 전설

'해인(海印)' 이야기도 할아버지들에게서 들었다. 동해바다 어느 곳에 있는 용궁에 해인이 보관되어 있다고만 기억되는데, 자세한 얘기를 모르니 궁금하다.

또, 조선의 어느 유명한 분이 주유천하면서 경치 좋고 살기 좋은 동네에서 몇 년씩 살다가 다른 곳으로 옮겼는데, 우리 큰마을에서 2년 정도 살다 가셨다는 얘기도 들었다. 그 분이 혹 택리지(擇里志)를 쓴 이중환 선생이 아닌가 하여 책을 사 읽으니, "삼척 토지는 척박하지 않아서 타지보다 벼가 4배 수확이 많다, 바닷가 마을은 부유한 자가 많다" 등으로 쓰였지만, "무릉에서 살아 봤다"는 것과 같은, 작은 동네의 이야기는 없었다.

그 분이 누군지 몰라도, 풍류를 아신 분이라 생각되고, 그래서 더욱 우리 큰마을은 살기 좋은 동네로 믿게 되었다.

낚시하던 가짜 스님 이야기도, "계룡산 검은 바위가 흰 색으로 변하면 정씨가 도읍한다"는 정감록(鄭鑑錄) 이야기도, 할아버지들에게서 들었다.

그러면서 "무릉동 세 쏙(沼)이 부활하는 날 무릉이 부흥할 것이다"라는 무릉 전설도 들었다.

할아버지들은, 개락(홍수)이 나면 쏙이 메워진다는 자연의 이치를 모르는 분들이셨을까?

다 아셨지. 그래도 분명 세 쏙 부활이 불가능할 것 같은 얘기니까 전설이 된 거겠지? 사실 이런 얘기는 형도 동생들도 못 들었을 거다. 할아버지와 함께 산 시간이 짧으니.

내가 '무릉 전설'을 들은 후로, 나는 무릉이 다시 잘살게 되는 날이어서 왔으면 좋겠다는 생각은 가졌으나, 그리고 성인이 되고 나서도 그 바램을 잊지는 않았지만, 사는 게 바쁘다는 생각으로 마음으로만 생각해 왔어. 회갑이 지나도, 칠십이 지난 지금도, 여느 시골처럼 무릉은 부흥할 기미가 안 보인다. 기대하기 어려운 꿈인 것도 같다.

사실 무릉 출신으로, 큰 부자도 나왔고, 동네에는 내 동생들을 비롯, 일류 대학을 나온 사람들도 여럿 있지만, 그들은 그 전설을 모를 수 있고, 나름의 일과 생활 무대가 따로 있어, 나와는 달리 고향을 꼭 일으켜야 한다는 무릉 부활의 의무가 있는 것도 아니니, 누구에게 무얼 바라기가 쉽지 않다.

그런데 나는 다르다. 나는 전설을 직접 들은 전수자요, 자칭 후계자니까.

어떻게든 무릉 부흥은 내 생전에 이뤄졌으면 좋겠고, 거기에 나도 작은 역할이라도 했으면 좋겠으니 말이다.

무릉동천

내가 강릉서 근무할 때만 해도 가끔 고향집에 다녔다. 하루는 집에 다니러 갔는데, 스님이 낚시했다는 마을 입구 그 바위에 작업대를 설치하고 뭔가 일을 하시는 우리 아버지랑 동네 아저씨들을 보았지. 거랑 건너편 길에서 선 채로 인사만 하고 지나갔는데….

교가리 마을 입구의 바위에는 "무릉동천(武陵洞天)"이라는 글씨가 새겨져 있는데, 철종(1831~1863) 때, 찰방 권중본의 글씨로 알려져 있다

(향토문화전자대전).

그 '교가리 마을 입구' 위치는 정확
하게 무릉동 입구 벼랑 바위다. 무릉
동은 삼척시내에서 맹방을 거쳐 교가
리로 들어오는 관문 부락이고, 교가
리를 대표하는 마을이었다. 밤고개
를 넘어야 하는 당시의길. 밤고개 고
갯마루에 올라서면 한 눈에 마주하는
아담한 '큰마을(大村)'의 수려한 풍광,
풍요를 자랑하는 기와집이 즐비하고,
책읽는 서동들의 낭랑한 목소리가 울
려 퍼졌음직한 마을에 다다라, 동네를
감돌아 나가는 무릉천변을 따라 지나
게 된다. 물줄기가 갑자기 동쪽으로 90

2021년 4월 현재 상태

도 꺾이는 자리에 높다란 바우(바위) 절벽이 섰고, 그 밑에 시퍼렇게
깊은 쏙(소, 沼)이 있어 물고기들이 유유자적 놀고 있었으리라. 그러니
낚시를 했다지.

지금으로부터 170년 전에 그 바위에 무릉동천이라는 글자를 새겼
으니, 근덕의 자랑이다.

높은 관료 '산호벽수관' 우두머리 종6품 찰방에게서 '무릉동천' 영예
의 글씨를 받으려면, 마을은 풍광도 좋고, 오랫동안 재해도 없고, 특
히 학식이 높은 인재도 많이 배출하는 살기 좋은 마을이었기 때문일
것이다. 거기다 만약 무릉이 근덕의 행정중심지였다면!

그 때 아버지들이 무릉 중흥을 염원하시면서 글씨가 잘 보이도록
손질하신 것 같은데, 내가 살갑게 다가가 막걸리라도 한 통자 받아,

한 잔씩 따라 올리면서, 내막을 여쭤봤더라면 좀 좋았을까! 뭐 그리 잘났다고 찔쭉하니(건방지게), 인간이 붙임성도 없이! 예라이 이 맨지기(바보) 같은 놈아! 난 왜 이렇게 서툴게 인생을 산 건지, 땅을 치며 후회한다.

큰마을이 쇠락하게 된 단초가 된 그 가짜 스님의 낚시 바위, 무릉동을 부흥시키려던 할아버지와 아버지들의 꿈이 서린 그 바위는 하니께(어느 해) 큰 개락으로 아랫부분이 좀 깨어졌으나, 주민들이 잘 보수해 놓았다. 바위는 군데 군데 시멘트와 돌로 정비하였고, 큰 개락에 밑둥이 더 깨지지 않게 상류 쪽에 석축도 쌓고, 많은 공을 들여 보존하면서, 무언가 마을 부흥의 가녀린 염원을 건 듯한 정성이 보여, 마음이 짠하다.

일부 부서진 것으로 보이는 바위가 거랑 가에 흩어진 것처럼 보이고, 바위에는 무릉동천(武陵洞天) 임술춘(壬戌春) 권중본서(權中本書)라고, 그리 크지 않은 글씨가 세로로 암각되어 있고, 글자에는 흰 색 도료가 칠해져 있다. 그 옆에는 글자를 새긴 분의 호와 이름으로 보이는 글자가 새겨져 있다. 내 어릴 때부터 거기서 자라던 활엽수가 군락을 이뤄 글자에 뜨문뜨문 그림자를 드리운다. 그게 170여 년 전 찰방의 글씨라는 걸 이제사 알게 되다니!

어쨌든 할아버지 아버지들의 무릉 부흥이 염원으로만 끝나지 않았으면 좋겠다. 그러니 내 역할도 필요하다는 의무감을 떨치지 못하겠어. 나의 대에서도 못하면? 끝이다.

그런데 곰곰이 생각해 보면, 아버지들이 그런 일을 하셨다는 것은, 아버지들도 그 전설과 그 글씨 얘기를 아셨다는 것이니, 나 말고도 어릴 때 전설을 아는 동네 사람들도 있을 수 있지 않을까? 그러니까 저렇게 보존하려고 애를 쓴 것일 수도 있고.

선대 어른들도 마을 번성을 위해 '밤고개' 왕래를 억제하려고 애를 쓰셨다고 희남 형이 전한다. 그 고개로 마을의 운이 빠진다고 봐야 할지, 그게 교곡 쪽의 죄수들을 압송하던 길이어서, 나무를 심어 뭔가 좋은 기운이 새 나가는 걸 막으려 했다는 것이다. 그처럼 동네에서는 그런 일까지 따질 만큼 뭔가를 가리고(경계하고), 마을 보전을 위해 애를 썼다는 얘기다. 이제 7번 국도가 공중으로 내달리니, 지상으로 운이 새 나갈 일은 없었으면 좋겠다.

작년 추석 성묘 때, 친구 희종이, 무릉동 어떻게 변했나 궁금해서, 지나는 김에 일부러 들러본 얘기를 해주었다.

"옛날 골목과 돌담 길이 안 보이고, 동네 가운데에 도로가 나고, 동네 옛 모습이 거의 소멸되는 것 같은 느낌을 받았다"는 충격적이고 사실이지만, 우리 동네 상황에 관심이 있는 친구가 있어 고맙고 반가웠다.

여하튼 언젠가 무릉 전설을 아는 사람들, 무릉 부흥을 이루려 노력하는 사람들을 만나 힘을 모으면 좋겠는데, 멀리 서울 한 곳에 사는 내가 어디서 그들을 만나?

그래도 사람 일인데 혹시 누가 아나? 가능성은 항상 열어놓고 살아야지. 내 무릉 떠난 지 어언 60여 년에 무릉 출신 중에 어떤 인물들이 성장했는지 모르잖아?

아무튼 나는 그저 몽상가로, '자다가 봉창 두드리며' 노후를 마치지 않을까 걱정이 많지만, 그래도 뜻밖의 좋은 일이 생길지도 모른다는 희망도 가져 본다.

무릉동천 바위 앞에 서서 옛일을 회상하고 있는데, 어디서 어릴 때 많이 듣던 새 소리 "연지고개고"가 들려왔다.

덕산, 맹방, 교가리와 근덕면

이래서 근덕(近德) 원덕(遠德)이구나!

삼척시 근덕면은 맹방해수욕장, 초당굴과 초당저수지, 맹방 유채
꽃, 덕봉산, 교가리 느티나무, 신흥사, 궁촌 레일 바이크, 영은사, 동
양의 나폴리 장호항과 해상 케이블 카, 황영조 공원, 초곡 용굴 촛대
바위길, 해신당 공원 등으로 잘 알려진 고장이다.

*삼국시대에 해리현(海利縣) 또는 파리현(波利縣)이라 불렀는데 김부식
의 『삼국사기』 지리지에 "삼척군은 4개 현을 거느리고 있어 그 중 해
리현은 본래 고구려 파리현을 경덕왕이 개명한 것인데 어딘지 알 수
없다." 라고 하였다. 조선조 현종 3년(1662) 부사 허목이 쓴 『척주지』에
는 "교동 서쪽에 고성(古城)이 있는데 가정연간(嘉靖年間, 1552~1566)
에 김은필이 성 밑 냇가에서 옥잔을 주웠는데 그 잔에 파리(波利)라는
두 글자가 새겨져 있었다"고 하였다.*

*조선시대에는 덕번(德蕃)이라 하였는데 척주지(陟州誌)에 "인조 8년
(1630) 부사 이준이 지금의 원덕, 근덕 지역을 총괄하여 덕번이라 하였
다." 덕번은 덕산리의 덕봉산의 형상에서 나온 말이라고 한다. 즉 그*

121

모양이 물더멍과 흡사하여 '더멍산'이라는 속칭을 한자로 덕번산이라 썼다(삼척문화원).

프랑스에만 파리가 있는 게 아니고, 근덕도 옛날에 '파리'라 불렀대. 그러니 삼국시대부터 이 고장은 상당히 큰 도시였음을 알 수 있다. 德은 무엇이며, 근덕 원덕은 무슨 뜻인가? 둘 다 덕봉산을 기준으로 近遠을 따진 것은 확실해. 아무튼 近덕이란, 삶의 주변에 개찹게 (가깝게) 직접 행하는 말−표정−웃음−칭찬−격려−선행같은 것들이고, 遠덕은 덕과는 거리가 먼 것이 아니라, 남을 위한 기도−축원−자선−희생−책임−포용과 용서−이타 같은 음덕(陰德)을 말하는 게 아닐까? 그래서 근덕과 원덕은 덕에서 가깝고 멀고가 아니라, 둘을 합쳐서 생각해야 큰 품−큰 그릇−큰 생각의 덕이 완성된다.

파도와 모래

맹방 모래불에 파도가 심할 때는 거친 들판에 들이닥치는 기마 군단이 몰려오는 것 같다. 하얀 갑옷−하얀 말−하얀 칼 쳐들고−앞 줄이 상륙하면 뒷 줄이 나타나 전 속력으로 맹방상륙작전을 펼친다. 꺾일 줄 모르는 기세, 쉼 없이 솟는 에너지로 들이치고 또 친다.

덕봉산을 뒤로 물러서게 하려는 듯, 산 아래 검은 바위들을 부숴버릴 듯, 들이친 파도는 턱! 튕겨나 부서진다.

그러나! 모래 해변에 닿는 파도는 스르르 사그라든다. 용감한 기마부대가 하얗게 목숨바쳐 거품처럼 스러진다. 모래는 말없이 파도의 성난 기세를 잔좌준다(가라앉힌다).

모래불의 위력, 그 어떤 강함도 받아주는 '포용'의 힘이다. 인간사 바다 같아서, 거울처럼 맑고 고요할 때도 있지만, 파도가 거셀 때도 있다. 그 때는 덕봉산 밑 바위처럼 물러서지 않을 튼튼한 '산 뿌리'도 필요하고, 성난 파도를 조용히 달랠 조용한 '모래불'도 필요하다.

모래알, 저 태백 준령을 이루다가 어느 날 산에서 빗물에 씻겨 내려오며 몇 십만 년 모여들었을까? 바다에 당도했을 때 파도가 쌀을 일어 뉘 고르듯 일렁이지 않았다면 모래불은 없었을 거다. 산과 바다가 합작하여 창작한 것이 모래불이다.

위대한 자연 초당굴

초등학교 때 소풍갔던 명소, 소한천 물이 흘러 나오는 근덕면 '초당굴'은 천연기념물 226호. 상부의 수직굴과 연결된 수평굴에는 연못을 비롯한 종유석이 아름답게 펼쳐져 있는데 아직은 미개방 상태다. 이와 연결된 맨 하부에 소한천이 흐르는 굴과 연결된다. 이 하천 일부는 세계에서 보기 드문 담수 홍조 식물 수태(水苔 물김 Prasiola japonica) 서식처로, '삼척 민물김 생태관광지'다. 얇은 김 한 장에도 영양가가 높은 귀한 식물이다.

ⓒ김봉선

근덕면이 덕번상(德蕃上)이라 불리던 시절에, 회선대와 소한연(蘇瀚淵)에서 리(里)단위 기우제를 지냈다. 삼태산에서 발원하여 노곡을 지나면서 땅속으로 흐르다가, 다시 솟아 석두(石竇, *동굴)를 빠져 나와 바로 깊은 소를 이룬 곳이 소한연이다(향토문화전자대전).

노곡면에서 발원하여 20리 정도 흐르다가 15리 정도 땅 속을 지나 다시 밖으로 나온다니, 자연의 위대함을 느낄 수 있다. 이곳에는 기우제 제단도 있었고, 동네에서 기우제를 지냈다. 소한연 계곡은 요즘 탐방로를 만들고 있으니, 잔잔한 여울 소리 들으며 자연 속을 거니는 아주 멋진 관광 코스가 되겠다. 물은 1급수 중의 1급수라. 여기서 연어 치어 양식을 하고, 그 물은 친구 봉선의 부친이자 친구 송자의 시아버님께서 총감독해 축조한 '초당 저수지'에 모였다가 맹방 뜰에 농업용수를 공급하면서 덕봉산 가까이에서 노곡천(일명 남대천)과 합류한다.

맹방과 교수당

맹방은, 1388년 고려 신우(辛耦) 무진의 재난에 교수(敎授) 홍준(洪濬)이 이곳에서 피난한 땅이며, 조선 세종 때에 강릉군으로부터 대간(大諫) 최수(崔修)가 이곳에 물러나 거주한 곳이다.

1309년 고려 충선왕(忠宣王) 원년 기유에 서원향(誓願香) 250주(株)를 맹방(孟芳) 남쪽 말머리 땅[馬頭地]에 묻고 말머리에서 용화회주(龍華會主:용화회(龍華會)는 용화삼회(龍華

三會)의 준말로 용화삼회는 석가의 다음에 이 세상에 출현할 미륵불이 龍華樹 밑에서 3회에 걸쳐 행하리라는 설법(說法)을 말한다)를 기다렸 다하여 매향안(埋香岸)이라 일러 말한다(향토지).

하맹방에 남양 홍씨 홍준(洪濬) 선생이 후학을 가르치러 지은 건물 '교수당(사진)'이 있다.

남양 홍씨는 특히 근덕 땅에서 무수한 인재를 길러낸 곳으로, 교수 당 부근의 수백 년 노송 숲에 들어가면 길을 찾기 싫을 정도로 아름 답고, 신선하면서도 고풍스런 정취를 느낄 수 있다. 맹방 땅은 국태 민안과 내세 평안을 기원하던 소중한 역사의 땅이면서 많은 인재를 키워낸 땅이다. 이 유서 깊은 땅에서 동기생 친구 성래-성무-성훈- 금주-문표-영표-완표(이상 홍씨)-병섭-진혁-계화-영승-연대-창 기-주호-연강 등 여럿이 자라났다. 이제 맹방해수욕장을 거쳐, 덕봉 산으로 옮겨 간다.

덕봉산은 안도막(낮즈막)한 신비의 산

근덕면 덕산리에 오가려면 근덕면에서 제일 긴 나무 다리를 건너 야 했고, 자연히 바닷가 덕봉산을 보게 돼. 마읍천 하구의 강폭이 넓 어져 나무 다리는 길고, 통나무와 판자로 얼기설기 엮어, 내가 어쩌다 한 번 건너기엔 무서웠어. 친구 부욱이 말하는데, 그 때 개락에 다리 가 없어지면 배를 타고 강을 건너 학교에 가기도 했대. 요즘이야 자동 차가 다니는 튼튼한 다리, 그 이름도 거창한 '덕봉대교'지만, 우린 그 다리가 기저귀도 못 차던 시절을 알고 있지. 허허.

덕산은 동네가 커서 200호가 넘었으니, 동기 친구도 수십 명에, 자족 마을이었다.

홍수 때 태백산맥 동편의 엄청난 물이 산 흙과 돌멩이를 기세 좋게 날라서 바다로 흘러가도, 바다는 거센 파도로 맞받아치며 해양 진입을 녹록하게 허락하지 않아. 강물과 바닷물의 전쟁터, 인간 사회랑 다르지 않지. 바다와 강 하구 경계면 개목(澱의 목, 중학교 후배 이경진 저. 삼척지방 방언 편람)에서 오도 가도 못하는 홍수는 옆으로 퍼지면서 넓은 들을 만들었을 거야.

재동-근덕중학교 앞 개처-맹방 뜰은 바로 수십만 년 동안 마읍천-무릉천-소한천의 물과 파도와 모래불이 합작해 만든 평야겠지?

홍수 때 흙-모래-자갈을 가진 물이 개목에 막혀 바다로 못 들어가니, 자연적으로 넓은 들이 형성되고, 냇물 바닥은 자갈로 메워져 하상은 높아지고, 그러니 거랑 가 마을은 침수되고. 그러다 비가 더 많이 내려 홍수의 힘이 파도보다 더 커질 때 개목이 팡! 뚫리면서 강물도 바다로 확 뚫고 나간다고 친구 용연이 알려줬다.

덕봉산은 본래 섬이었다가 육지와 연결된, 확 트인 해변에 홀로 떠 있는 안도막한 산이다.

이제는 누구나 저 산에 오를 수 있게 개발-개방하여, 나도 '회선대'에 올라갔다 왔다.

금강산 앞바다에서부터 삼형제 섬이 떠다니다가, 그 중 맏이가 여기 덕산에 정착한 덕봉산. 둘째는 원덕읍 호산리 해망산, 막내가 울진군 근남면 비래봉이다.

덕봉산은 예전에 덕산도(德山島)라 불렀다. 해상의 덕봉산 위에 회선

대(會仙臺)와 작은 우물이 있어서 가물면 기우제를 지냈다.

그 아래에 용암(龍巖)이 있는데, 언전(諺傳)하기를 옛날에는 선정(仙井)에서 선도(仙桃)가 나왔다고 한다. 관북(關北)으로부터 떠내려 온 것이다. 선조 임신21에 홍견(洪堅)이 소리내어 우는 대나무(명죽鳴竹)가 있다는 것을 듣고 꿈에 노처(露處)에 가서 무릇 칠일 밤을 기도하고 소리를 따라가서 명죽을 찾았는데 한 묶음에 다섯 줄기가 있었다. 그것을 얻어 화살을 만들었다(삼척향토지).

수십 년 통제하다가 최근에 개방한 삼형제 중 고무열이(첫 째) 덕봉산, 높이 54미터 꼭대기에 100평 정도의 평지가 있다. 꼭대기에 신선과 관련된 회선(會仙)대─선정(仙井)─선도(仙桃) 이야기가 있어 놀랍다.

덕산리에도 약 1.5km의 긴 모래불이 있어. 덕산 아저씨와 그의 싸우(사위) 국민 마라토너 이봉주의 캐릭터 조형물이 있네. 복이 있는 이는 사위 잘 만나 저런 호강도 누리네.

여기서 세종임금 때 대사간을 지낸 최수(崔修) 선생의 후손이요, 1822년에 정이간과 함께 심방리에 모현사(慕賢祠)를 창건한 최종원(崔鍾遠) 선비의 덕봉산을 예찬하는 시 해석을 옮겨, 나의 지식 부족을 고백하고자 한다.

덕봉산 시
최종원 작

[孤峯聳出海濤聲 고봉용출해도성] 고봉(孤峯)은 바다의 파도 소리처럼 우뚝 솟았고
[秀麗芙蓉照太淸 수려부용조태청] 수려한 연꽃은 *태청(太淸)을 비추네
[鶴返遙天華表在 학반요천화표재] 학은 아득히 먼 하늘로 돌아가 *화표(華表)만 남

왔고[龍歸巨壑開門成 용귀거학개문성] 용은 큰 골짜기로 돌아가 문성(門成)을 열었네

[賢人育氣雲常出 현인육기운상출] 현인(賢人)이 기르는 기운에는 구름이 늘 나타나고

[烈士透誠竹自鳴 열사투성죽자명] 열사(烈士)의 진심이 통하여 대나무가 스스로 우네

[東井瑞星今又聚 동정서성금우취] 동쪽 우물의 *서성(瑞星)은 지금 다시 모이는데

[也誰知此德爲名 야수지차덕위명] 누가 이러한 덕(德)을 알아 이름을 얻겠는가

*태청: 도교에서, 신선이 산다는 세 궁의 하나

*화표: 솟대와 비슷한 것.

*서성: 태평성대에 나타나는 상스러운 별

(출전: 삼척향토지 100쪽)

시 속으로 깊숙이 들어가 보면, 요즘 사람 나는 아무리 해도 생각할 수 없는 세상이 있다. 시공-종교-철학을 넘나들고, 후학 양성의 숭고한 뜻, 하늘을 감동시키는 지극 정성-천지-우주를 섭렵하는 지식이 없으니, 나는 이 시를 이해하기가 어렵다.

첫 구절에서 시인은 딱딱한 바위와 흙으로 된 덕봉산을 '형체는 없으나 우렁찬 파도소리'와 대비시켰다. 시에서는 그렇게 쓸 수 있다는 생각은 드나, 시 전체는 남다른 깊은 철학이 들어 있다. 이어, 불가의 연꽃인가 했으나 태청의 도교가 나오고, 학은 무엇을 상징하길래 왜 화표를 남긴 채 멀리 날아갔는지, 용과 문성은 내가 그 뜻을 추종하기에는 너무 어려운 대목이고, 또 덕봉산과는 어떤 관계로 학과 용이 이 시에 나온 건지 헤아릴 수 없다.

최종원 선비는 근덕 수양산을 비롯, 삼척 지방 몇 곳을 예찬하는 시를 남기신 분이다.

'현인이 기르는 기운'이란 어쩌면 심방재(尋芳齋)에서 후학을 양성하시던, 저자 최종원 선생 자신과 정이간(鄭履侃) 선생의 포부를 얘기하

신 건지, 홍견(洪堅)이 칠일 밤 신령님께 기도하여 하늘을 움직임으로써 자명죽(自鳴竹)을 찾고, 그로써 화살을 만들었다는 것이 열사의 지성인 것 같은데, 이 산에 자생하는 대나무로 화살을 만들면 무과급제한다는 것을 홍견과 그 형제들과 자손들이 그것을 실제로 증명한 사실이, 또한 지금 레전드(전설)가 되었다. 홍견은 실제로 임진왜란 때 큰 무공을 세웠음이 충무공 '난중일기'에도 나오고, 은퇴 후에는 행적을 잘 알기 어려울 정도로, 그야말로 초야에 묻혀 조용히 지내신, 아주 청렴하고 고고한 분으로 추앙받고 있다.

"덕봉산 대나무로 화살을 만들어 임진왜란 전쟁터에 보냈다는 얘기를 들었다"고 친구 성래가 말해줬다.

덕봉산 동쪽에 우물이 있고, 꼭대기에 신선이 모이는 회선대(會仙臺)가 있으며, 아직 아무도 발견하지 못한 심(산삼)물이 담긴 쇳독이 있다 하고, 거기서 나왔다는 신선의 복숭아 선도는 어떤 효험이 있는 건지…. 너무나도 신비롭다.

덕봉산 작은 산에 자명죽-우물-회선대-심 물-쇳 독-선도(仙桃)-기우제-서성(瑞星)이라….

우물에 비치는 상서로운 별은 당시 근덕 사람들에게 어떤 의미를 준 것일까?

해나(행여나), 산 정상에서 물독이 묻힌 방향으로, 서성 빛이 인도하는 곳으로 찾아가면, 동해바다 용궁 속 어디에 있다는, 그 옛날에 할아버지가 들려주신 해인(海印)을 찾을 수 있는 건 아닌지, 즐겁게 상상해 본다.

아무리 전설이라고 해도, 고향 덕봉산에 이런 재미나고 신비로운 이야기가 들어있다니 생각할수록 자랑스럽다.

德의 정의

시는 마지막 줄에 德을 논하면서 매듭짓는다. "누가 이러한 덕을 알아 이름을 얻겠는가!" 시인은 "이런 내용을 모르는 사람들은 감히 德이라는 글자 함부로 갖다 붙이지 마라!"는 듯 매우 준엄하게 일갈한다.

추상같은 호령에 몸이 바로 펴지고, 옷깃이 여며진다. 이처럼 '德' 자 한 자 얻는데 어마어마한 세상이 펼쳐져야 한다. 德의 위력이다. 이런 시를 대하니 머리가 맑아지고, 가슴이 확 열리나, 고개는 숙여진다. 덕봉산이 거기 있고, 최종원 선비가 '큰 덕'을 시로 정의하셨으니, 근덕의 덕이 매우 빛난다. 만약 시인께서 이 시를 짓지 않으셨다면, 근덕면의 저 작은 덕봉산은 정말 너무 밍밍하지(싱겁지) 않았겠는가?

덕봉에 올라

덕봉에 올라 동쪽으로 장엄한 해돋이 창해 바다를,
남북으로 어마어마하게 길게 이어진 덕산−맹방 모래불을,
서쪽으로 용이 꿈틀거리는 태백 준령의 해넘이를 바라보라.
천지를 황금빛으로 채우는 여명과 마읍천−무릉천−소한천 세 강 줄기를 붉게 반사시키는 아름다운 황혼을 보라!
대자연의 위대한 조화에 절로 명상하고−절로 사색하고−절로 절하게 된다.
이곳에 자리한 회선대(會仙臺)!
덕봉산정은 가히 신선이 모일 만한 곳이다.

수양산 시

[山氣相符古聖淸 산기상부고성청] 산의 기운이 고풍스럽고 맑고 성스러운데

[有誰肇賜首陽名 유수조사수양명] 누군가 수양이란 이름을 내려줘서 비롯되었네

[未開孤竹東溟隱 미개고죽동명은] 외로운 대나무는 꽃이 피지 않은 채 동쪽 바다에 숨었지만

[猶見香微斷岸生 유견향미단애생] 은은한 향기를 낭떠러지에서 생생히 보여주네

[貞節惹懷多爽夢 정절야회다상몽] 정절은 많은 마음을 이끌어 시원한 꿈을 꾸게 하고

[遺風入耳滌塵情 유풍입이척진정] 남겨진 바람은 귀에 들어온 속된 생각을 씻게 하네

[地靈鐘出雲亭丈 지영종출운정장] 땅은 신령스러운 종소리를 내며 구름은 장부(丈夫)에게 멈추고

[尙志嵬然外物輕 상지외연외물경] 뜻이 높은 것을 숭상하고 외물을 가볍게 여긴다네

(출전: 삼척향토지 96쪽)

최종원 선비는 덕봉산 시를 쓰고, 수양산 시도 쓰셨다. 교가리 앞쪽 수양산 동쪽 뺑창(절벽)에 외로운 대나무를 바라보면서. 이 시는 근덕면은 물론 삼척시 아니 대한민국의 대박이다.

"좀 과장된 찬사가 아니냐?"고 생각하시거든, 그 사연을 들어보시기 바라웨이(바랍니다).

총죽정(叢竹亭)[일명 와유정]이라는 정자가 산호관 남쪽에 있었는데 지금은 전하지 않는다(출처: 한국학중앙연구원 – 향토문화전자대전).

이 정자 위치는 아마도 "교가리 앞 수양산에 총죽이 많았다"는 기록으로 보아, 마읍천(남대천)이 올곡(兀谷)을 거쳐 덕산에 이르는 강 가 어디 쯤일 것 같은데?

131

참 멋드러진 일이다. 선조들께서 강가 정자에 앉아, 북쪽으로 유유히 흐르는 강물을 바라보며, 총죽 댓잎 서걱거리는 소리 들으며, 태백 준령 황혼과 낙조를 즐기셨을 테니!

그만한 학식이 있었기에―그만한 여유가 있었기에―그만한 풍류를 아셨기에…. 그 때의 근덕은 그만한 부와 그만한 지식을 갖춘 인재의 고장이었던 것 같다.

우리가 많이 들어 본 중국의 수양산과 똑같은 이름을 가진 산이 대체 어떤 연유로 삼척시 근덕면에 있는 건가? 중국과는 무슨 연관이 있을까? 근덕 사람들은 이 시를 얼마나 많이 읽었을까? 그리고 얼마나 기억할까? 나도 처음엔 별 생각 없이 읽고 넘어갔다. 헌데, 덕봉산 시를 쓰신 그분 최종원 선생의 시이고, 그리고 "중국 수양산이 왜 거기서 나와?"라고 의문을 품으니, 차분하게 다시 여러 번 읽게 되었다. 아주 중요한 시를 뜻도 모르고 그냥 넘어갔더라면 클랄 뻔(큰 일 날 뻔)했다.

시에서는 산뻬알(절벽) 위 고독한 대나무의 기품을 느낄 수 있음과 동시에, 여기에 상당히 소중하고도 깊은 사연이 있음을 알게 되었다.

약 3000년 전. 은(殷)나라 말기 고죽국(孤竹國 지금의 북경 근처) 왕자 백이(伯夷)와 숙제(叔齊) 형제가 주나라 '수양산'에 들어가 살아야만 했던 사연 깊은 내력이 연결된 것이다.

선비는 동해를 낀 근덕면의 작은 산에 누군가가 '수양산'이라고 이름을 붙였기 때문에, 그 자체로 이미 산은 기상이 고풍스럽고―성스럽고―맑다고 썼다.

백이 숙제 수양산 이야기가 어떻게 근덕에?

은나라 제후국인 고죽국 왕이 돌아가시자, 후계로 지목된 셋째 왕자 '숙제'가 맏형 '백이'에게 왕위를 양보하나 맏형은 아버지 유지대로 제일 똑똑한 셋째가 왕이 되어야 한다고 주장하던 끝에 가출하고, 그 형을 찾으러 뒤따라 나선 셋째. 결국 왕은 둘째가 맡고, 두 왕자는 만나서 주나라의 수양산에서 같이 살게 되는데, 그 후 주나라가 은나라를 침공하니, "신하국이 반기를 들면 천하의 도리가 아니다"라며, 두 왕자는 주나라 음식을 안 먹고, 고사리를 뜯어 먹었다니, 얼마나 패롸졌겠사(야위어졌겠어). 야중(나중)에는 그 마저 끊고, 끝내 굶어 죽었다는 충절 이야기. 이건 사마천의 『사기』 백이열전제1에 나오고, 한국에 널리 알려진 이야기다.

두 왕자는 요순시대의 평안에 포부를 두었으나, 그 꿈을 펴지 못하고, 수양산에서 인륜과 법도를 외치며 생을 마쳤으니, 이를 '피지 않은 대나무 꽃'으로 묘사한 것일 게다. 비록 꽃은 안 피었지만, 대나무 꽃 향기는 낭떠러지에서 천지에 은은하게 풍긴다고 썼다. 이 유명한 고사가 지금의 중국 땅 수양산에 깃들어 있고, 그 일이 조선땅 근덕에도 수양산이라는 이름을 짓게 했고, 선비는 이를 詩로 노래한 것 같다. 그런데 그게 어떻게 되어 근덕에?

아무튼 그 충절은 사람들이 상쾌한 꿈을 꾸게 만들고, 두 왕자가 외친 인간의 도리는 바람소리로 변하여, 사람의 속된 마음을 말끔히 씻는다고 했다. 신령스런 종소리가 울리는 듯한 땅의 기운과 구름이 머무는 듯한 하늘의 기를 받아 두 형제의 높은 충절과 도리를 숭상하니, 그것이 아닌 모든 것은 이 선비에게는 그저 '가벼이 여기는 일'일 뿐이란다.

이 시가 탄생한 것은 근덕면 맹방리 최종원 선비의 타고난 시 감각과 해박한 지식 덕분이다. 그런데 거기에는 그럴만한 확실한 이유가 있더라.

대사간 최수 선생, 맹방으로 낙향하시다

은나라는 어떤 나라인가? 우리 韓민족의 조상 동이족의 나라다. 거기 제후국의 인품이 훌륭한 두 왕자는 우리의 선조가 되는 것. 우선따나(먼저), 시인 최종원 선생에 대해 알아보자.

최종원(崔鍾遠)의 자는 민원(敏元)이요, 호는 창애헌(蒼艾軒)이니 대간(大諫) 최수(崔修)의 후손이다.

강릉 *착매동(看梅洞)에서 북평읍 봉정리(鳳亭里)로 이주하였고, (이후) 맹방촌(孟芳村)으로 이주하여 학문에 힘썼다. 성품이 명민하고 문학이 엄단하였다. 한 때에 이름난 선비로 문하생을 많이 배출하여 *향천(鄉薦)에 올랐다(삼척향토지).

*착매동(看梅洞)의 착이 간(看)으로 쓰였으나 여기서는 자료를 그대로 옮김.

*향천이란, 조선 후기 인재 천거 제도에 의해, 3년마다 고을 향인→수령→관찰사→중앙으로 학행이 뛰어난 인재를 천거하여, 각 도에서 2~3명의 인재를 국왕이 뽑은 것으로, 삼척 맹방리에 이런 훌륭한 인재 계셔서, 정이간(鄭履侃)과 함께 모현사를 창건, 효자 최연(崔湅)-부사-홍견(洪堅)-처사 홍계하(洪啓夏)를 제향하였으나, 후일 서원 철폐로 폐지되었다.

놀랍게도 최종원 선비의 시 배경에는 '대간 최수' 선생이 계신다.

조선 세종과 세조 시절에 대사간(大司諫)을 지낸 강릉 최씨 최수 선생은 최종원 선비의 선조이시다.

지봉(芝峰) 황보인(皇甫仁)과 절재(節齋) 김종서(金宗瑞) 두 재상이 피살(被殺)되시니 공(公)은 삼척 맹방촌(三陟 孟芳村)에 은둔(隱遁)하여 등산(登山)과 낚시로 소일하시며 세월(歲月)을 보내시었다.
시를 지어 이르시기를 『세정(世情)이 좋으냐고 그대 물으면 세정군휴문(世情君休問)/지난날 감상하면 눈썹만 찡그리네 감구취미빈(感舊翠眉嚬)/위수에 낚시 드리우는 객이요 위수수간객(渭水垂竿客)(강태공을 연상하고)/수양산에 고사리 캐는 사람일세 수양채궐인(首陽採蕨人)(백이 숙제를 사모한다)』라고 읊으시었다(近德面 尋芳洞 乾坐)이다(출전: 구글. 강릉최씨 대사간공파 묘제홀기).

참으로 대사간 다운 도리를 몸소 실행하셨다. 임금님의 바르지 못한 처사에 몸으로 항거하셨고, 단종이 살해된 후에는, 심지어 대사헌(大司憲) 직책 제안도 거절함으로써, 임금이 법도를 어긴 행위를 행동으로 나무라셨다.

근덕면 심방리 최수 선생 묘

그런 조상님의 일을 '수양산'시로 노래한 사람이 최종원 선비다.

도덕과 충절의 고장 근덕'면

이 무릉도원기가 강조하는 '힘 武'는 오늘날 뿐 아
니라, 3000년 전 은나라가 주나라에 멸망되던 것을
봐도, 영락없이 국가 존망의 열쇠는 힘이라는 것을
알 수 있다.

자신을 낮추며 마주보는
백이 숙제 두 왕자

역시 국가는 '힘'이 있어야 한다. 요순 시대를 이
상으로 삼아, 나라를 더 잘되게 하려는 형제 간의 왕
위 양보는 만고의 미덕이다. 정권 쟁탈에 여념이 없
는 오늘의 세태, 서로 상대를 헐뜯지 않으면 안 되는
듯 물어뜯는 모습은 한심해서 한 숨이 나온다.

최종원 선비는 조선 말 순조 임금 때의 지방 선비
인데, 덕봉산 시에서 '덕(德)'의 엄중한 정의를 내린 바 있다. 이 수양
산 시에서는 절개를 상징하는 대나무를 주제로, 충절과 도리라는 인
간의 '큰 길'을 일깨워 준다. 이런 가르침을 배울 수 있다는 것은, 근덕
한 지방으로서도 영광이지만, 덕과 충은 시간과 공간을 불문하고 인
간사의 정신적 기둥이니, 더더욱 근덕 출신으로서 영광스럽다.

거기에, 그게 언제적 역사인가? 저 유명한 은나라 역사 '백이(伯夷)
와 숙제(叔齊)' 이야기가, 동이족 우리 조상의 역사가, 수양산 시로써
근덕에서 이까진(이어진) '끈'이 경이롭다.

고조선의 제후국인 은나라, 일명 상(商)나라가 동이족이라는 것은
역사가 증명하고, 은나라 제후국 지역에 기자조선이 있었다(한국민족
백과사전) 하니, 이런 우리 조상의 역사는 억지로 과장해도 안 되지만,
반대로 맥째가리(힘)없이 묻히게 그냥 내버려둬도 안 된다.

우리 나라에 수양산 이름을 가진 곳이 여럿 있겠지만, 고사리와 직

접 엮인 산이 근덕에 있다니!

대한민국의 대박 근덕면

　최수 어르신은 왜 그렇게까지 수양산 고사를 말씀하시며 고집스럽게 본받으신 걸까? 두 왕자가 우리 동이족 조상이 아니고서야 수양산 일이 선조들의 얘기가 아니고 중국의 역사라면 그러셨을까? 조선은 나라가 문닫을 때까지도 국조 단군 임금께 제사를 올렸다. 그런 조선 건국 초기 고관이 동이족을 모르셨겠으며, 조상의 핏줄을 모르셨겠는가? 누구보다 더 잘 아실 분이니, 행동으로 두 왕자의 본을 받으신 것이라는 확신이 생긴다. 이렇게 해서 근덕면 작은 산에 '수양산'이라는 이름이 왜 붙여졌을 지 짐작이 간다. 바로 최수 선생의 일로 인해, 후에 누군가가 그 산 이름을 '수양산'이라 지었을 것이다. 그만큼 근덕 지방은 역사의식과 유학이 성행했고, 식자가 많은 고을이었던 것으로 보인다. 은나라-주나라-백이 숙제-중국 수양산-최수-한국 근덕 수양산-최종원. 무려 3000년을 잇는 인간의 법도가 은나라에서 오늘 근덕면으로 이어졌다.

　앞에서 '대한민국의 대박'이라는 말을 했는데, 이런 연결고리를 가진 곳이 전국에 몇 곳이나 있을까 생각하면, 지나친 말은 아니지 않은가? 그 사실이 기록으로 남아 있어서, 특히 문학의 힘으로 시가 되어 삼척향토지에 실려 있어서, 근덕을 이처럼 의미있는 땅으로 만들어주신 최수, 최종원 두 어르신께 존경의 말씀을 올린다. 두 분 왕자님들께도.

교가는 왜 교가래요?

고려 때 교가(橋柯)라 불렀다. 거리 가운데에 큰 느티나무가 있어 국초(國初)의 소생(小生)으로 나뭇가지가 교차한 까닭으로 교가(交柯)이다(삼척향토지 33쪽).

'국초(國初)의 소생(小生)'이 뭔지는 모르겠다. '고려 건국 초에 새로 싹이 텄던 나뭇가지'가, 많은 시간이 흘러서, 교가라는 지명을 지을 무렵에는 많이 성장한 나뭇가지라는 뜻인가?

그런데 나무가지가 교차하여 교가리라 했다고? 이해가 안 된다. 설마 나뭇가지 모양을 보고 땅의 지명을 작명했을라고? 뭔가 이해하기 어렵다. 무슨 다른 뜻이 있지 않을까?

거목(欅木)은 근덕면 교가 시가 중앙광장에 있다. 전 시가지를 음폐하고, 인가가 이 나무 그늘에서 나무를 둘러싸고 즐비하였다. 교가(交柯)는 산호벽수헌(珊瑚碧樹軒)에 교지(交枝)가라는(가지가 서로 교차한다는 뜻을 추모함) 지명이며, 1694년 찰방 권만년(權萬年) 당시에는 피서하는 정자로 애용되었다. 수종의 특질을 고찰하면 약 2200년 전인 246년경 자연생으로 추정된다(삼척향토지 132~133쪽).
거목(欅木): 느티나무

2200년 전이면 고조선 때 이 나무가 태어났다는 것 아니더냐? 때는 바야흐로 고조선이 조금씩 약해지고, 시누미(조금씩) '위만조선'이 강해지던 시기이니, 이 느티나무는 아주 아주 오랜 역사를 지녔다.

산호벽수헌.

벽수는 느티낭기(느티나무)라 쳐도, 뜬금없는 산호는 바다의 생물인데, "니가 왜 거기서 나와?"

근덕이라는 이름은 덕봉산으로 인해 궁금증을 풀었는데, 교가리도 무릉만큼이나 내겐 궁금한 이름이었다.

그 궁금증을 푸는 데는 이 느티나무가 열쇠를 쥐고 있네 그려!

2200살이 몇 살인지 아오(알아요)?

인터넷에 '교가리 느티나무'를 찾으니 뜻밖에도 소개가 나온다. 『한국민족문화대백과사전』과 『삼척향토지 133쪽』에 수령이 약 2200년이라 하니, 믿기 어려운 마음도 좀 들지만, 그 수치는 어떤 방법으로든, 검증과정을 거쳐서 책에 수록한 것일 테니, 확실한 이유없이 무시하면 안 된다. 그 수치가 뭐 한 백 년, 이백 년 좀 틀린다 하더라도, 그건 그다지 시빗거리는 아니다.

앞의 수양산은 3천 년 전 얘기 아니었으며, 단군은 5천 년, 1만 년 전 우리 조상 아닌가! 2200년, 이건 대단한 발견이다.

내가 이 글을 위해서 뭘 억지로 맞추려고 해도 만들기 어려운, 정말 우연하게도, 중국 장량 선생께서 활동하시던 시기(? ~ BC186)인 2200년 전에 같이 태어나서 같이 자란 나무가 근덕면 교가리 느티나무다.

어디 그 뿐인가? 세계에서 가장 큰 나무인 미국 '제네럴 셔먼'의 나이도 약 2200여 년이다. 게다가 옛날 로마에 '권력을 가진 자는 이권에 개입하지 못하게 하는 법'이 만들어졌는데, 그게 2200년 전이다. 참 묘한 '2200년' 전 그 때다.

나는 지금 소설같은 글을 쓰고는 있지만, 실제 기록에 나와있는 여러 내용들을 가져다가 바느질로 조각을 맞춰 스토리를 깁고 있을 뿐이다.

상상은 하지만, 뭔가를 감출 수는 있지만, 체질적으로 거짓말은 안 한다. 삼척향토지 133쪽에는 이렇게 상세히 적혀 있다.

10개의 돌 북(석고)과 석고가

이제 본격적으로 교가리 이름과 얽힌 이야기를 살펴보자.

"나뭇가지가 교차한 까닭으로 교가(交柯)이다'에서는 "그런가 보다" 생각되나, 뒤에, "산호벽수헌에 교지(交枝)가라는 지명이다"에서는, 이해는 어려우나, 산호벽수헌이 라는 단어가 매우 구체적인 단서를 준다. 산호벽수헌은 찰방이 근무하던 관청인데, 交枝 두 자는 한자로 써놓고 마지막 '가'자는 漢字도 없이? 뭔가 실수 같다.

그래서 좀 더 연구해 보기로 했다. 일단 '산호벽수'를 검색하니 굉장한 얘기가 나온다. 이게 열쇠다. 진(秦)나라 때 것으로, '북처럼 만든 돌(석고 石鼓)'에 어려운 한자를 잘 새겨 만든 귀한 물건(그림)이 있다. 돌은 직경이 약 1미터 좀 안 되지만 모양이 '큰 북'처럼 생겼고, 딸랑 1개가 아닌 무려 10개다.

글자는 난해한 옛날 서체로 새겼다. 글의 내용은 주나라 선왕(宣王) 때 사주(史籒)라는 이가 지었고, 주왕의 업적을 적은 것이라 한다.

이 훌륭한 물건을 '석고'라 부르고, 지금은 중국 북경에 보관되어 있다.

그 후 많은 세월이 흘러, 당나라 제일의 문장가요 시인인 한유(韓愈; 768~824) 선생이 석고를 찬양하는 시를 썼는데, 그게 '석고가(石鼓歌)'다. 이 시가 또 무척 유명하다. 거기 '산호벽수교지가'라는 구절이 나온다. 이 시인도 韓자 성을 가진 분이라는 게 의미가 크다.

석고가는 시를 쓰게 된 동기부터 시작해서, 열 개의 돌 북에 글씨를 새긴 모습 전체가 멋있다고, 북을 닮은 특이한 돌의 모양새─살아서 꿈틀거리는 글씨체─쌈박하게 새긴 뛰어난 암각(嵒刻) 솜씨─예서(隸書)체도 아니고 과두(과서) 문자도 아니면서─내용 해득도 어려운 옛 글자, 이 모든 것의 높은 가치를 종합적으로 감탄 감탄하며 쓴 시다.

'산호벽수교지가'가 교가리 어원

그 '석고'가 진시황 때 만들어졌다니, 이건 또 무슨 얘긴가? 2200년 전에 '석고'도 탄생했고, 장량 선생이 활약했고, 그 무렵에 교가리 느티나무가 태어나 생장한 것이고, 그 때 세계 제일 거목도 태어나고, 로마에 좋은 법도 만들어지고, 비슷한 시기에 굵직한 여러 일이 겹친 인연에 놀랄 뿐이다.

'석고가'는 7言詩 66구절이고, 그 중에서 '글씨' 자체를 예찬한 것만 무려 일곱 구절이다.

24번 구절에 교가리와 관련된 '산호벽수교지가'가 나온다. 66구절

중 이 일곱 줄만 자세히 살펴보자.

20번. 字體不類隷與蝌(자체불류례여과) 글자체는 예서도 *과서도 아니구나

21번. 年深豈免有缺劃(연심기면유결획) 연대가 오래되니 획이 닳은 게 왜 없으랴

22번. 快劍砍斷生蛟鼉(쾌검감단생교타) 날카로운 칼로 돌에 새겼는데 마치 *교룡과 악어 꿈틀거리며 살아 있는 듯하다.

23번. 鸞翔鳳翥眾仙下(난상봉저중선하) *난새 날고 봉황 춤추고 신선이 내려오는 듯하다.

24번. 珊瑚碧樹交枝柯(산호벽수교지가) 나무 모양이 바다의 산호 형상이거나, 육지의 푸른 나무 모양이고, 나뭇가지(획) 끝에서 글자들이 서로 만나 사귀듯 어우러진다.

25번. 金繩鐵索鎖鈕壯(금승철색쇄뉴장) 돌 북은 이 글자들 때문에 얼핏 금테와 쇠사슬로 돌을 꽁꽁 단단히 묶은 것 처럼 보이고,

26번. 古鼎躍水龍騰梭(고정약수룡등사) 발이 셋 달린 솥 단지가 물 위로 뛰어 오르고, 용이 돌 북에서 하늘로 솟아 오르는 것 같다.

*과서: 필묵이 발달하지 않은 시대에 죽간 같은 것으로 쓴, 올챙이 처럼 생긴 글자. 획의 시
　　작점은 굵고, 끝은 가는 글자체.
*교룡: 뱀 같고 넓적한 네발 상상의 동물
*난새: 닭 같은데, 깃은 빨간 색에 다섯 가지 색깔의 상상의 새

　　돌에다 글자를 잘 썼다고 표현할 때, '교룡—악어—난새—봉황—신선—금테—사슬—솥—용'을 동원했고, 생전 듣도—보도—상상도 못한 동물도 나온다. 글씨가 마치 산호 같고, 그리고 푸른 나무 같다 했고, 글자들이 금속 사슬로 돌 북을 감싸 묶은 것 같다고도 했으며, 세 발 달린 솥이 물에서 고기처럼 "파닥!" 뛰어 오르는 모양이고, 용이 "쌰악!" 승천하는 기운을 느꼈단다. 높은 상상력을 동원해 최고의 찬사를 '글

씨'에 쏟아낸 것만도 일곱 구절이다.

세상의 어떤 시인이 이토록 풍부한
표현력을 가지고 있을까? 표현력은 일
단 지식에서 나온다. 지식은 시간-공
간-인간을 살면서, 보고-듣고-배우
고-생각하고-느껴서 얻는 것의 총합
이다. 몇 번 지긋이 눈을 감고 시를 음
미하니, 느낌이 정말 표현 그대로가
맞네, 맞아!

여기서 교가리와 직접 관계있는 24
번 구절 珊瑚碧樹交枝柯만 자세히 들
여다 보자.

산호벽수

글자 모양이 바다 속 산호처럼 가지
를 벋고, 육지의 멋진 나무가 가지를 벋은 양, 각기 다른 글자를 이루
는 가운데, 서로 이웃한 자획 끝에서는 기(氣)가 통하 듯-영(靈)이 뻗
치 듯-정(精)이 생성되 듯, 두 연인이 사랑하는 마음이 통하여 생전
처음 손을 잡으려는 떨리고 땀나는 바로 그 순간, 그 찰나처럼 어우러
지니, 그 광경이 고고한 아우라를 풍긴다는 것이다. 이 상황이 '산호
벽수교지가'다.

의견이 분분한 교가리 해석 자료

전체 글씨 모양은 한 자만 찌불어도(모자라도) 안 된다. 반대로, 한
자만 특출나도 안 된다.

기본적으로 어느 글자라도 다 잘 써야 한다. 그렇게 모든 글자는 일단 잘 써서 각자 존재가치가 높아야 하고, 그에 더해서 그들은 전체적으로 다른 글자들과 잘 어우러져야 한다.

이제 삼척시 자료와 백과사전 등 교가리를 설명한 것들을 여기에 그대로 옮겨 종합한다.

하나, 산호벽수간이 이 거목이 교차하였기에 교가(문화공보실자료). 둘은, 교가는 산호벽수헌(珊瑚碧樹軒)에 교지(交枝)가라는(가지가 서로 교차한다는 뜻을 추모함) 지명(삼척향토지 132쪽). 셋은, 고려 때에 교가(橋柯)라 불렀다. 거리 가운데에 큰 느티나무가 있어 국초(國初)의 소생(小生)으로 나뭇가지가 교차한 까닭으로 교가(交柯)이다(삼척향토지 33쪽). 넷은, 마을 가운데에 느티나무가 있어 나뭇가지가 상교(相交)한다 하여 교가리라 했다(한국학중앙연구원, 향토문화전자대전).

대부분 나뭇가지가 '교차한다', '상교한다'로 해석했다. 마치 '나무가지가 네 거리처럼 엇갈리거나 열십자처럼 교차한 것'을 말했다.

그러나 이건 한자를 우리말로 옮길 때 본래의 의미가 '아주 똑바르게' 전달된 것은 아닌 것 같이 생각된다.

왜냐하면, 석고의 글자 획은 돌 북(石鼓)에 독립적으로 띄워서 새겨져 있을 뿐, 결코 물리적으로도, 가시적으로도, 접촉하지도−붙지도−네 거리처럼 '교차한' 것은 없는데도 "교차했다"고 해석하니 말이다.

돌 북 표면이 쇠사슬로 묶인 것 같다는 등 여러 가지로 표현해도, 그건 단지 문학적으로, 정신적으로 상상한 것이지, 글자 간에 연결된 건 없다.

이래서 교가리!

석고가에서, 돌에 새겨진 시의 글자들은 교차하지 않고 분명히 떨어져 있지만, 그 어울림의 모습은 자석의 S극과 N극처럼 자장(磁場)을 일으켜 자계(磁界)를 형성하니, 한유 시인께서 '산호벽수교지가'라는 독특한 상상력으로 창의의 구절을 탄생시켰다.

한유 시인은 창의의 전형이다. 이러한데, 고려 때, 어느 이름 밝혀지지 않은, 시를 좋아하는(?) 식견 높으신 분이, 근덕 땅에서 푸르름을 날리던, 그 당시 이미 1,000살이 된 아름다운 교가리 느티나무의 위풍을 보고, '석고가' 구절을 떠올려서 땅 이름을 지을 때 '교가'라 하신 것 같다.

거목 느티에는 수 많은 가지가 있으니, 시각적으로 교차하고 엇갈린 모습이 왜 없겠는가마는, 交를 우리말로 '교차했다'고 해석하면, 산호는 어디다 버리고, 벽수 가지들만 지들끼리 교차한 것처럼, 눈에 보이는 모습만 가지고 해석하는 이상한 결과를 낳는다.

交는 산호하고 벽수하고 어불림(어울림)이라고 해석해야 하지 않을까?

무엇의 어울림? 글자들의 어울림이다. 벽수의 가지와 산호의 가지들이 어우러진 형세다.

무릉도원처럼, 산호는 벽수와 결합하여 널리 알려진 사자성어다. 양산 통도사의 추사 김정희 선생 '산호벽수' 편액은 유명하다. 벽수 혼자가 아닌 '산호+벽수'일 때 좋은 뜻이 생긴다.

추사의 이 편액이 유명해진 것도 '석고가' 구절 '산호벽수교지가' 때문일지 모른다.

무릉과 도원이 다른 것처럼 산호와 벽수는 사는 곳도 바다와 육지로 판이하게 다르고, 성질도 아주 다르나, 마음으로 소통하고(交)-진실되게 어울리고(交)-크고 작은 가지들이 하나같이 화합하고(交)-그런 나뭇가지처럼 무성하게 번창하라는 의미로 쓰는 사자성어 산호벽수다.

이처럼 깊은 뜻으로 지은 이름 '교가'는 그 고견을 가지신 분의 창작품이다.

여기서 우리는 중요한 교훈을 얻게 된다. 석고(石鼓) 금석문(金石文) 글자 모양이 산호 나무 모양도 닮았고, 벽수 모양도 닮았는데, 어떤 조건보다도 각 글씨는 존재가치가 높은 명필이라는 '존재감'이 우선적으로 중요하다.

'산호벽수헌' 역사(驛舍)

만일에 글씨가 명필이 아니었다면 그런 칭송을 받는 시는 쓰여질 수 없겠지? 명필은 존재감이며, 이것은 글씨 아닌 인간관계에서 본다면, '서로 존경할 만한 인품'을 뜻한다.

또 사소하지만, '交枝가'라고 '가'를 한글로 쓴 것은 그 책의 편집 문제라 보아, 交枝柯로 써야 옳겠다. 交枝柯는 "산호의 가지 지(枝)와 벽수의 가지 가(柯) 사이에 교(交)한다"는 뜻이다. 즉, 산호와 벽수 가지 사이에 느껴지는 만남-통함-어울림이 풍기는 '아우라'가 交枝柯다.

이렇게 하여, 交柯는 '교지가'에서 가져온 것이지만, 벽수만 생각하지 않고, '산호'를 포함해야만 석고가의 심오한 해석이 나온다.

'교가' 이름을 지은지 한 500년 후에, 교가역(驛) 청사가 생길 때, 결국, '산호'를 소환한다. '산호벽수헌(산호관)'으로 이름지었으니 말이다.

다음은 산호관 설명이다.

산호관(珊瑚館)은 평릉관(平陵舘)이라고도 한다. 영조 경진년)에 부사 남태저가 근덕면 교가역으로 이건하였기 때문에 평릉이라 하였다. 순조 갑신년 10월에 화재로 소실되었다. 을유년에 부사 민사관(閔師寬)이 중건하였고, 고종 기해년에 훼철하여 목재와 기와는 양묘재사(兩墓齋舍)에 이용하였다(삼척향토지 186쪽).

1475년(성종 6)에는 삼척 북평 평릉에 있던 평릉도찰방 소재지를 이곳에 옮겨 평릉관(일명 산호관)이란 객사를 두어 강릉·삼척·울진·평해 지방의 16개 역을 관장하는 교통행정 중심지 역할을 하였으나, 1895년에 폐지하였다(한국학중앙연구원 – 향토문화전자대전).

한유 선생의 석고가는 이처럼, 근덕 선조들께서 아주 애송하셨다. 중국 시를 줄줄 외울 만큼 학식이 높았다기보다, 선조들의 피가 면면히 이어진 걸로 봐야 할 것 같다.

'무조건' 노래와 황영조 탄생 이유

산호벽수헌은 틀림없이 교가 지명을 짓던 때처럼, 석고가 구절 '산호벽수교지가'에서 따온 말일 것이다. 그래서 산호와 벽수가 둘이 한마음으로 특수 임무를 수행한다.

그 임무는 역관과 역관 사이를 이어주는 '매체 역할'이다. 이 역에서, 사람—문서—물자—통신—정보를 받아, 다음 역에다 "앗소!(여기 있소)"하면서 아세주는(건네주는), '세상을 바톤으로 연결하는' 목적을 이루게 한다. 산호의 고향인 바다 건, 벽수의 고향인 육지 건, 이 세상 어디라도 연결해 줄 요량으로 지어진 창의적인 역관 이름이 탄생한 것이다.

"태평양을 건너, 대서양을 건너, 인도양을 건너서라도, 당신이 부르면 달려 갈 거야, 무조건 달려 갈 거야"

근덕 출신 트롯 가수 박상철이 부른 '무조건' 노래. 대 히트한 이 곡이 우연이라 하겠으며, 역시 근덕 출신 세계1등 올림픽 챔피언 마라톤 선수 황영조가 이유 없이 빨리 달렸겠는가? 그들은 모두 자랑스런 근덕중학교 후배다

황영조와 그가 동창생 친구를 소개해준 덕분에 덕산 사위가 된 국민 마라토너 봉달이 이봉주. 산호관에서 준비하고 있던 빠른 말처럼, 세상에서 제일 강한 달구리(다리)에 가장 빠른 걸음을 가진 사나이들, 바로셀로나 올림픽 금메달리스트 황영조와 보스톤 마라톤 금메달리스트 이봉주 두 사람이 달리는 모습을 떠올리면, 세계만방에 근덕면이 자랑스럽다.

이것이 근덕면의 '유쾌-통쾌-상쾌-발랄-상큼-싱싱-삽상한' 상징이 되면 재미있을 것 같다.

박상철이 '무조건'을 부르는 가운데, 황영조와 이봉주가 우리 앞에 실제로 나타난다면, 또 얼마나 재미있고-멋있고-자랑스러울까? 이 대목에서 일단, '벽수' 교가리 느티나무에 경배의 시를 한 수 올린다.

교가리 느티나무

이 나라가 고조선이던 2200여 년 전에
근덕 땅에서 싹트고 뿌리내린 느티나무
어렵고 긴 세월 무던히도 견뎌내고
우리 고향 묵묵히 지켜 주시네요

거목이 생장하던 시기에 석고(石鼓)도 생기고
장량 선생도 태어나 그 정신 무릉에 이어지고
석고가 싯구 '산호벽수교지가'를 떠올려
이 땅 이름을 '교가'라 이름지은 이 계시니
사람들이 서로 잘 어울려 번성하라 하신 게야.

이윽고 교가역사(驛舍) '산호벽수헌' 세워져
이 역관과 저 역관을 정보통신으로 이어주니
바다 산호와 육지 벽수가 성질은 다르지만
한 맘 한 몸으로 새 가치 창조하라 하신 게야
어울림의 교가 마음, 창조 번영의 산호벽수
덕봉산 큰 덕과 수양산 충절의 고장 근덕
자자손손 한결같이 너른 품에 품으실 거야
하늘이 비 뿌리고 땅이 온기 내 뿜는 한
푸른 잎 연년세세 끝없이 펼쳐 주실 거야.

교가리 느티나무 추억

전국에 고향 지키는 느티나무 한 그루 쯤 가진 마을은 많을 것이다. 근덕면에도 출향자들의 마음의 기둥 교가리 느티나무. 누구든 다 끌어 안을 듯 너른 품을 지녀, 나무를 중심으로 그 부근에 많은 사람들이 살고 있고, 오랜 세월 5일장 '교가장'이 섰다.

물건을 비싸게 팔려는 상인과, 싸게 사려는 고객, 다른 욕망을 가진 이질적인 사람들이, 가격을 부르고—에누리하고—눈치껏 튕기고—깨질 판에 흥정도 붙이고—적절하게 소통하다—열쩍게 슬쩍 양보하여—서로가 원하는 것을 얻는 장소로 북적거린 그 교가 장터 말이다. 교가 장꺼리에는 정말 사람들이 많았지. 이지가지 다 있으니, 편하게 눈요기도 하고 사기도 하는 장 구경은 참 즐거웠다.

동기생 수십 명이 이 느티나무 부근 또는 멀지 않은 곳에 살았다. 상점—면서기—행정서사—교사—우체국—파출소—소방서—이발소—의원—약방—양조장—술도가—무당—옷 수선점—철물점—선술집—식당… 집의 아들 딸로. 하긴 근덕초등 우리 동기만 150명 정도인데, 상당수가 장꺼리에 살았고, 시야(형)—누(누나)—언니—동생들이 있었으니, 근덕 시내를 꽉 잡았지 뭐. 거기다가 많은 친구들이 사돈의 팔촌—멀게 개찹게(가깝게) 친가—외가—친척으로 엮여 있다.

지금은 근덕초등학교 전교생이 60여 명밖에 안 되니, 우리 때 1,000여 명이던 학교가 이렇게 까지 학생 수가 줄어 들었어. 그렇구나. 고향이 이렇게 인구가 줄었네. 나부터 고향 떠난 60년에 새삼 깨닫는다. 우린 객지타향에서 그리움과 추억만 떠올리며 향수의 젖만 빨아 먹어, 고향은 마치 할머니 젖가슴처럼 되었다. 이제 "근덕이 내 고향"이라 말할 사람은 1년에 고작 10여 명 밖에 안 늘어나, 얼마 후에는 그럴 사람도 없어지게 생겼다.

스러져가는 고향에 기여한 게 너무 없구나.

"고향을 지키는 재정, 종술, 희태, 성인 등 친구들, 후배들, 다 고맙습니다."

우린 "인냐(이 녀석)", "○○한냐(○○녀석)"라면서 추억을 쌓아갔다. 그 중심에 '고향 지키미' 교가리 느티나무가 있다.

관덕정에 올라

또 한 곳 근덕면의 명소 '관덕정'이 있다. 근덕 초등학교 뒤 관후산(館後山) 관덕정에 오르면 앞이 탁 트여, 바다는 물론-덕봉산-수양산-근산도 다 내다 볼 수 있다.

ⓒ 김순희

관후산의 館자는 산호벽수관의 관, 後자는 뒷 산을 뜻하지 않을까 상상했는데, 추측이 사실로 확인되네.

관덕정 건립을 주도하신 문중어른 김하용 어르신이 관덕정기를 쓰셨고, 근덕면장을 지내신 김진우 님과 성금을 내신 근덕면 140명의 뜻 있는 분들. 아마도 근덕과 德에 대해, 오늘의 우리가 가늠하기 어려운, 깊은 애착을 지니셨던 것일 게다.

1960년에 건립된 정자 이름이 볼 관(觀), 큰 덕(德) 관덕정이니 "덕을 바라본다"는 멋진 이름이다.

세파에 찌들려 피로한 몸 잠시 휴식하고 사색하여, 회복하고 희망을 얻는 시간을 여사(여기서) 가졌으면 좋겠다.

"그렇다면 찰방이 주재했던 산호벽수관은 근덕초등학교나 옛 근덕파출소 부근 어디가 아닐까?" 라고 상상했는데, 이 사실은 근덕초등학교 '교가'에 분명하게 나온다.

근덕초등학교 교가(작사 정창연, 작곡 홍창식)
서광에 빛나는 대한 동해 변 우렁찬 파도소리 덕봉에 높다.
산 푸르고 물 맑은 찰방 옛터에 평화롭고 질서 바른 우리 근덕교.
관후산 기슭에 선 낙락장송에 화랑도 맑은 혼이 깃들어 있네.
천 여명 교동들이 뜻을 합하여 빛내자 넓고 길이 우리 근덕교

근덕과 화랑도

바로 초등학교 터가 산호벽수관이 있던 자리네. 100년 전, 교가에 '화랑도의 맑은 혼'이 나오니, 근덕이 신라 화랑도와 연관된 고을이라고? 작사자는 그 내력을 알고 쓰셨을 텐데, 난 모르네. 아는 기(것이) 가재(전부)니. 훗날 누군가 이를 꼭 밝혀줬으면 좋겠다.

실직국(國)으로 엄연히 한 도시국가로 존재하다가, 신라에 정복당한 후 실직주로 된 것이 삼척 땅의 역사다. 여기에 신라 수도 월성에 살다가 10대 소년 시절에 '동해안'에서 풍월도(風月道)를 수련한 젊고─용맹하고─틀림없이 멋지게 생겼을 것 같은 김이사부(金異斯夫)님을 떠

올리게 된다. 혹시 이사부님이 수련했다는 동해안이 근덕과 연관이 있었던가?

이사부께서 그 후 척주 군주 취임 이후 즉, 나이 17세 경, 신라 지증왕 6년에 처음 시작한 주군현(州郡縣) 제도에서, 동해안 유일의 주(州)였던 실직주(悉直州)의 초대 군주(軍主)로 임명되었는데, 이 때에 혹시 근덕에서 화랑도를 수련시켰나?

이사부는 실직군주로서 7년 후에, 뛰어난 전략으로 고구려 관할지 하슬라(何瑟羅, 강릉지역)를 정벌·합병하여 하슬라 군주가 되었고, 이윽고 '우혜'왕이 다스리던 우산국을, 삼척 정라항에서 출병하여 나무로 깎은 사자로 위협, 정벌한 주인공이다(삼척시청 자료).

화랑정신으로 무장한 낭도(郎徒)들이 동해안 산하를 순례하며 심신을 수련했던 사실이 실직국 관할구역이었던 울진 성류굴 속에서 최근에 암각(岩刻) 기록이 발견되었다.

호방한 풍월도가 삼척지방에서 수련했다면, 호연지기를 키울 좋은 곳을 찾아 말타고 내달렸겠지. 그런 곳이라면 삼척 땅에서 어디 쯤이면 어울릴까? 마읍천 강물이 유유히 흐르는 넓은 평지에서, 말 궁뎅이(궁둥이)에 채찍을 가하며 함성을 지르고 내달릴 자리가, 지금의 근덕면 팔송정–교가–개처 뜰–맹방불–한재 밑'으로 이어지는 넓은 땅이면, 그 후보지로 어땠을까? 물론 뒤뜰(동해시 북평)도 있지만.

평릉도 찰방

이 가사로 봐서, 화랑5계가 면면히 녹아 내린 근덕면이고, 수백 년 전부터 지명에 큰 德자를 써서 덕을 숭상한 것이 근덕의 포인트이고, 덕봉산이 그 중심이다. 덕봉은 근덕초등학교와 중학교 교가에도 등장하고, 중학교 축제 이름도 '덕봉제'니, 특히 커나가는 어린 학생들에게 그 의미가 상당히 깊게 새겨질 것이다. 이처럼 근덕은 오랜 세월 德봉산, 德산리, 德산대교, 관德정 등 德을 중시한 지방이다.

또 역대 찰방들의 선정비(善政碑)가 14기 정도 있는데, 이 비석들은 본래 관로변에 있던 것을 1925년 삼척 김씨 김상국이 주선하여 지금의 자리인 옛 평릉관 뒷산 중턱으로 옮겼다(출처:향토문화전자대전).

관덕정을 건립하기 이전에, 산 길 가에 비석이 여럿 있었다. 그 오른쪽 벼랑 아래 무릉천변에 '무릉동천'글자를 새긴 암벽이 있었고. 대부분 찰방(察訪)을 지내신 분들을 기리는 것이고, 지금은 관덕정 정자 부근으로 다시 옮긴 것이다.

찰방, 조선조에는 전국에 41개 역도(驛道)가 있었고, 그 중 하나가 평릉도(平陵道)다. 지금의 7번 국도와 비슷한 강원도 동해안 북쪽에서 남쪽 경상북도까지 16개 역을 잇는 도로가 평릉도인데, 그 총책임자가 찰방이다. '평릉도 찰방'이 주둔하던 청사 건물이 '산호벽수관'이니, '교가'는 바로 동해안의 교통 중심지였다.

눈으로 볼 수 있는 '세월'

여보소 당신아 구두나 사 주소, 무슨 구두? 뼈딱 구두! 그것을 신고서 가다를 못 내면 너도 망신 나도 망신 동네 다 망신.

나이 드니 이런 옛 노래도 회상하게 되네. 아이고 머스마(사내)가 돈이 없어 그 빼딱 구두(하이 힐) 하나 못 사주니 '가다'핑계를 댔다. 가다는 "폼을 재다"라는 뜻. 해방 직후라 그런 말도 썼다.

라면도 없고, TV는커녕 라디오는 무릉동에 딱 한 집에만 있었고, 키즈 카페도 없고, 영어 학원도 없었지.

그래도 야학(夜學)이 있어, 초등학교 운동장에서 서당에 다니던 형들에게 영어를 가르쳐주었다. 삼척읍 봉황촌에 '고등공민학교'가 있어 공립 중학교에 못 간 동네 누나들이 그 먼길 근덕에서 걸어서 통학했어. 향학열이 대단

인어사유상 ⓒ 김수남

했지. 그러다 좀 지나 '재건중학교'가 생겨서 나도 선생님을 좀 했어. 그 때 내가 '판장 갈매기' 제목의 웅변을 가르친 학생이 삼척군 대회와 강원도 대회에서 우승했지. 가난과 병마, 6·25-4·19-5·16 등, 별 일 다 겪으며 살아도 이만큼 보람되게 살고 있으니, '세월'이 가져다 준 애환에 대해 남다른 감회가 있다. 이 참에 삼척에서 세월 한 번 타보자.

인어사유상(人魚思惟像). 꽃다발을 안고 있다. 초곡 촛대바위길을 걸어도 대자연의 힘과 세월이라는 것이 도무지 언제부터 있어 온 건지, 짐작으로 아는 게 아니라 눈으로 직접 볼 수 있다.

근덕면 장호 앞바다 풍경을 보면, 동쪽 하늘을 향해 '부채살'이 비스듬하다. 동해 땅 밑으로 거대한 판(板 Plate)이 쐐기처럼 파고들어가, 태백산맥은 인도대륙이 히말라야를 치솟게 한 것처럼 솟아 오른 땅이

다. 깊은 상념에 잠기게 된다.

　　용추폭포 암벽. 동해시 무릉계곡 용추에 가면, 장엄한 세월이 얼마나 오래, 그리고 얼마나 많은 흙과 돌을 쏟아 내렸으면, 암벽이 저렇게 마찰로 깎여, 자죽(자국)을 굵게 가늘게, 또는 세게 약하게 남겼는지, 비가 많이 와서 물줄기가 셀 때는 멀리, 약할 때는 가까이 뻗었을 테니, 그동안 각 상황들이 얼마나 오랜 시간 지속했을 건지, 짐작이 아닌 놀란 토끼 눈으로 직접 볼 수 있다. 그런 상황이 수십 년에서 수백 년 간 지속되지 않으면 만들어지지 않는 자국이다.

　　맹방불 모래. 오징어 배의 어화(漁火)도 없는 날 밤하늘에 초롱초롱한 은하수를 바라보면, 우리가 얼마나 약한 존재인지, 저 모래는 사람과 달리 말도 못하고 이동도 못하지만 수명은 무한하니, 모래알보다 인간이 얼마나 빨리 이 우주에서 사라져야 하는지, 짐작이 아니라 부러운 눈으로 직접 볼 수 있다. 그래도 살아있는 동안에는 체중껏 발로 밟으면서.
　　이리 세월을 타 보니, 가족끼리도, 회사에서도, 남북 대치같은 일도, 국내 정파 간 철없이 싸우는 것도 모두 허무하게 여겨진다.
착하지는 못하더라도 악랄하게는 살지 말아야지. 잘못은 하더라도 뼈저리게 반성은 하고 살아야지.
　　윤리는 모르더라도 최소한의 예의는 있어야지. 남에게 이용만 당하다가 죽는 불쌍한 짓은 하지 말아야지.
　　우리도 뾰족한 송곳니를 가졌지만, 퇴화된 그 이빨을 짐승같이 쓰려고 드러내지 말고, 사랑하다 죽어야지. 잠시 세월의 세계로, 산으로 바다로 다녀왔네.

근덕-교가의 현대적 의미

근덕에서 덕봉산의 큰 덕과 수양산의 충절은 케케묵은 옛 도리가 아니고, 인간의 덕목이다. 충절은 봉건시대 유물로 보이지만, 자신-회사-국가를 사랑하면 저절로 갖게 되는 마음이다.

교가에서, 서로 다른 것이, 교차하지는 않지만, 존재와 어울림 그 자체만으로도 기(氣)-영(靈)-정(精)이 통하는 그런 생물로 살자는 의미다. 자신을 꾸준히 수련하여 존재가치를 높이고, 역량과 인격을 도야함으로써 스스로 몸에서 광채가 나게, 정기가 흐르게 하는 것이 '교가 마음'이다. 사람이 서로 성격이 달라도 '교가 마음'으로 이해하고-어우러지고-역지사지-이심전심하자는 것이다.

산호벽수관에서, 서로 다른 것이 섞여 화학적으로 용해되어 한 몸이 됨으로써 새 창작품이 되는 것. 부부가 한 몸이 되는 것처럼, 서로 다른 개체가 합치는 과정은 자연적이기도 하고 갈등도 겪지만, 개성의 차이를 인정하고-갈등을 극복하고-모자란 부분은 서로 채워주고-튀어 나온 부분은 깎아내고-이윽고 자신들의 특성을 특화하여-새로운 창작품을 만들어 낸다.
이에는 '나'라는 자아를 버리고, 둘이 하나가 되려는 마음 자세가 요구된다.
산호벽수는 개성을 간직한 채 화합하는 융합이 아니고, 화학적으로 하나되는 용합(鎔合)이어야 한다.
바다의 특성인 산호와 육지의 특성인 벽수를 용해해서 새 작품을 만드는 데는, 값비싼 전기를 써서 전기로(電氣爐)에서 초고온으로 녹인

쇳물을 수천 톤의 단조 해머로 눌러 만드는, 어렵고 값비싼 과정이다.

'자식'을 낳아 기르는 일, 훌륭한 가풍을 이루는 일, 회사나 사회에서 업적을 남기는 일, 내조 또는 외조로 예술품을 만드는 일들이 모두 다 '창작'이다.

근덕 교가는 할 일이 있다

고향의 과거만 되새기며 살 수는 없다. 이제, 수천 년, 수백 년 전 과거가 아닌, 현재 21세기 근덕-교가는 희망찬 미래를 위해 해야 할 '역할'이 있고, 새로운 자세로 일어서야 한다.

근덕의 도덕과 충절-교가리의 어울림과 화합-산호벽수관의 용합에 따른 창작이라는 말은 '현대적인 역할'을 수행하자는 것이다.

삼척의 작은 시골 근덕이 무슨 역할을 한다고? 개인의 존재 가치 높이기-상대 존중과 인정-개성과 차이 극복-어울림과 화합-모자람 채움-넘침 깎기-용해 단조와 용합-인자한 화안정신-무패의 무릉정신이 어우러진 '무(武)-덕(德)-략(略)'을 생활 속에서 실천하는 일이 그것이다.

도덕과 충절의 고장의 맥을 이어받아, 예의-자립심-애사심-애국심같은 창작품도 충분히 만들 수 있다. 태생적 성격이 다르고, 자란 환경이 다르고, 타고난 우월의 정도가 다르지만, 그 차이를 이해-인정-극복하는 것은 자신감 없이는 안 되는 힘武다.

부부-친구-동료-국민이 서로 자라고 사는 환경은 다르지만, 열심히 역량을 키워 자기 가치를 높이며, 상대의 가치를 존중하여, 서로 화합하는 것은 큰德이다.

서로가 단점을 줄이고 장점을 살려 화목한 가정–지속성장 기업–선진 자치단체나 국가를 창조하도록 노력하는 것이 꾀略이다. 근덕이 만들 창작품이란 바로 '무–덕–략'이다.

```
근덕            덕봉산 도덕과 수양산 충절의 고장
교가            어울림과 화합의 교가 마음
산호벽수관      한마음 용합의 창작 정신
```

　근덕면에는 치공이도 살았다. 너무 착해서 제 명대로 살지도, 제명대로 죽지도 못한 머슴 치공이. 나도 근덕출신이니 '치공이 DNA'를 가지고 태어났는지도 모른다.

치공이 불쌍한 치공이

동이 트기 전 컴컴한 새벽에
밭에 나가 일하는 머슴 치공이를
지나가던 동네 사람이 은근히 놀렸다
"어이 치공이! 자넨 새벽부터 정말 부지런하네!"

칭찬받은 치공이 기분이 좋아서
아침도 안 먹고 더 열심히 일하는데
점심 무렵 지나던 어른이 약을 올린다.
"어이 치공이! 자넨 참말 부지런해. 장날인데 가서 막걸리나 한 잔
하고 오세!"

칭찬받고 나니 일순 괭이를 팽개치고 싶던 마음도 팽개치고 점심도
거른 채 일하는 치공이.
해가 뉘엿뉘엿 저물 때 장에서 돌아오던 어른이 비꼰다.
"어이 치공이! 아직도 일해? 자넨 머슴 중에 상머슴이야!"

그 말에 고무되어 저녁도 안 먹고 일하던 치공이.
그가 일하는 모습이 점점 어둠의 색과 같아졌는데 그 밤 이후로 그가
더 이상 나오지 않는 밭두렁엔 거미줄이 무수한 이슬방울 맺더라.

활기릉에서 산호관 재탄생

근덕면 교가리에는 근덕 출신인 우리도 몰랐던 흥미로운 역사가 있다.

1475년에는 북평 평릉에 있던 평릉도찰방 소재지를 이곳에 옮겨 평릉관(일명 산호관)이란 객사를 두어 강릉·삼척·울진·평해 지방의 16개 역을 관장하는 교통행정 중심지 역할을 하였으나, 1895년에 폐지되자 산호관 객사는 헐어서 삼척군 미로면 활기릉의 재실로 쓰였다고 한다.

산호벽수관 폐지 후에 객사는 헐어서 삼척군 미로면 활기릉(준경묘, 영경묘. 태조 이성계의 조상묘 2기)의 '재실'로 건축하여 재 탄생했다. 산호관을 보존하지 않고 헐어서 자재가 거기 쓰였다고? 마음은 안타깝지만, 어쩌겠어.

교가리 인근의 고청산(古靑山) 위에는 오룡당(五龍堂)을 지어 임금님의 만수무강을 빌기도 했는데 1901년에 폐지되었다고 한다(출처: 한국학중앙연구원 – 향토문화전자대전).

근덕에서 임금님 건강을 축원하다니? 교가리 인근 고청산 오룡당에서 임금의 만수무강을 빌었다? 그 자리는 어딘지 모르지만, 내 짐작이 가는 곳은 무릉동 밤고개 동쪽 산, 할머니가 산메기기 하시던 자리로 추정된다. 점차로 확인할 생각이다.

그런데, 시골 근덕 사람들이 왜, 어떻게 임금님의 만수무강을 빌어? 어떤 연유로? 알지 못했던 역사가 근덕에 또 있었네.

1660년 현종 원년 경자 2월에 불이 나서 2백여 집이 전소되고 사람들과 가축들이 불에 타 죽었다.

이 일을 듣고 베 460필을 내려주고 영남의 속미(粟米) 60석으로 구휼하였다. 1695년 숙종 21년 을해에 찰방 권만년(權萬年)이 역전에 정송(楨松)하였다. 1770년 영조 경인에 비로소 평릉관에 개폐문을 갖추었다(삼척향토지 253쪽).

근덕

덕봉산의 크나 큰 도덕이
세상을 넉넉하게 품게 하고,
수양산 고고한 충절이
애사심과 애국심을 갖게 하네.

2200년 된 거대한 느티나무 교가
서로 다른 마음들의 어울림과
산호벽수의 용합으로 창작하고,
'무릉도원재'와 '무릉도원의 路'가
무—덕—략 정신을 고양하여
사람을 큰 그릇으로 만들고
회사를 튼튼하게
나라를 강건하게 만드네.

근덕면 역사는 곡절도 있지만,
진실한 사람의 도리가 꽃피니,
뜻있는 사람들 구름같이
그 향기 맡으러 모이네 모여드네.

그 때 200호가 탔다니, 고을 전체가 잿더미 된 거네. 그 엄청난 재해를 어떻게 극복했을까? 그 시가지는 어딜까?

아마도 지금의 시동과 재동이 아니었을까?

오호라! 임금님께서 구휼미를 보내주셨구나! 그에 감사하는 마음으로 고청산 오룡당에서 근덕면민들이 임금님의 만수무강을 빌었던 건 아니었을까?

어떤 이유에서건 근덕에서 임금님을 위한 축원을 했다는 사실은 상당한 충심이다.

고려 때, 느티나무에서 영감을 받아, 석고가의 '산호벽수교지가'싯구를 떠올려 지명을 얻은 교가리.

조선조에 산호벽수관이 수백 년 간 있던 곳.

그 옛날 인구도 적던 시절에 가옥이 200채나 있던 시가…

동기회 날

칠십 넘은 근덕 지역 올 동기생 나마니들이 소풍오듯 밤 대추 따고, 기지떡 싸고, 담근 술 병에 담아 미국-창원-대구-춘천-청주-강릉에서 서울로, 서울로, 지남철에 이끌려 모이는 근덕 궁촌-동막-맹방-덕산-교가 '근우회' 모이는 날.

한 세상 사노라니 시름도 많고 씨름할 일도 많은데, 이 하루, 노인, 외로운 거 그런 씰(쓸) 데 없는 거 저다 내꼰재삐리고(저기에 내던져버리고), "울다가 웃으면 똥꾸영(똥구멍)에 쐬미(수염) 열닷 발!" 놀리던 동심으로 돌아가, 이 간나(계집아이) 저 예나(여자아이) 자박생이(머리채) 끄집고 싸우던 어린 시절 회상하며, 장군도 이등병도 다 내뢰놓고(내려놓고), 잘 살아도 못살아도 다 잊어버리고, 우리찌린(끼린)데 뭐, 못하는 노래도 남새시룰(창피할) 거 없는 이게 동기회다.

학교 댕길 때 살짝 좀 만져보고 싶던 터질 듯 곱던 네 뽈디기(볼)에 못 된 놈! 어데 올라가 안잤사(앉았나) 이 쭈그랑방탱이 주름놈아! 그게 젊은 날 니(네)가 행복하게 너무 많이 우사사(웃어서) 생긴 거라면 내 고마(그만) 눈 탁 감고 덕봉산같이 점잖게 너그러이 용서해주마.

비누로 감고, 샴푸로 빨고, 70년이 넘도록 그래사(그래서) 그렇나? 아이고 그 새카맣던 머리 탈색돼사(되어) 허옇게 돼삐린(되어버린) 머리칼. 그게 찬 비 맞고 맞바람 맞고 산 이 풍진 세상 헤쳐온 노숙함의 표시라면 내 고마 눈 탁 감고 근덕 바다같은 넓은 마음으로 이해해주마. 동기생 인연으로 인생 세월에서 하루를 빼는 행복한 동기회 날.

제3부 근덕 부흥 전략

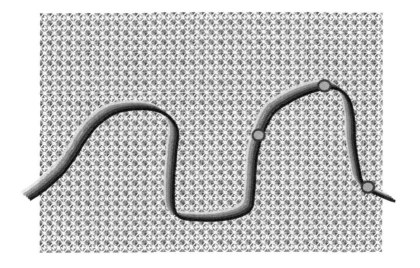

무릉 부흥을 꿈꾸다

종교와는 다른 가치를 추구

산업혁명의 발상지인 영국이 10여 년 전부터 '국민들의 정신 웰빙을 위한' 투자에 적극 나섰다. 전국 지자체를 중심으로 문화·예술 단체와 기관들이 시민들의 정신 건강 향상을 위해 다양한 활동을 독려하고 지원하고 있다(조선일보).

'국민들의 정신 웰빙을 위한 일'을 개인이나 종교단체가 하는 게 아니고, 국가가 조직적으로 나선 지 10여 년이라니, 역시 영국은 선진국이다.

가만 있사(있어) 보자. 영국에 뭐 종교나 철학이 없어서 지자체들이 저런 일을 할까?

그들에게 뭐 정신적 스승이나—교훈이나—좋은 서적이 없어서 저런 일을 하겠는가?

그건 분명, 무릉도원처럼, 종교와는 다른 차원의 가치, 실생활에 가까이 있어야 할 '정신 웰빙 수단'이 필요하기 때문일 거다.

실사구시? 과학적 사고? 일 잘하는 방법? 한 번쯤 자신을 바라보기? 등 여러 가지가 포함되지 않을까?

우린 일단 새마을 운동 때처럼 자발적으로 나서서, 스스로 헛된 욕망을 잘라 자족할 줄 알고, 스스로 마음의 부패를 씻어 내며, 스스로 뱃속의 똥을 비워 몸을 가볍게 만들어야 한다.

서로 손가락질 하지 않고, 서로 엄지 척! 하면서 "You top이야!"라고 말해야 한다.

원수처럼 패거리로 갈라지지 말고, 화합도 좀 해 가면서 하나 되어야 한다.

어쩔 수 없이 '내 종교'만 중시하는 종교적 설교나, 결국에는 권력과 결탁하기 쉬운 학술적 강의보다 '객관적' 입장에서, 개인-회사-국가를 번창시키는 '방법'을 갖게 하는 자리가 필요하다. 당연히 쉬운 일은 아니다. 앞으로 노령화 사회가 더 심해지고, 시골 동공 현상이 심화되면서, 점차 이런 자발적인 활동을 중요하게 생각하게 된다.

스스로 철학을 정하여, 뭔가 해 보려는 몸부림이다.

무릉동 출신이기에 찾아낸 무릉정신

〈도화원기〉 이상향은 냉정하게 말하면, 피도 땀도 흘리지 않고, 전쟁을 피해 도망가서 편하게 사는 사람들 이야기다. 자세히 보면 "아! 진짜" 불안하고 불완전한 세상이다.

지금까지 그 누구도 도연명 시인에게 이의를 제기하지 않은 이상향인데, 이상향을 온전하게 누리려면, 그 전에 자력으로 생존할 수 있는 '무릉의 힘'이 있어야 한다는 생각부터 해야하고, 그래야 거꾸로 신선 세계도 이해되고, 그래서 완전한 이상향을 구현할 수 있음을 나는 강조한다.

수백 년 전에 도화원 바깥에 엄연히 실존하던 '대단한 역사' 무릉을 누락시켰다는 사실, '무릉 어부'라는 단 한 마디, 무릉이라는 단어를 사용하기는 왜 하셨냐는 점, 누구에게 발각될까 두려운, 비밀스런 좁은 동굴같은 입구를 가진 도화원 입구,

"전쟁을 피해서 왔다"는 고백,

이장 정도의 지도자도 안 보이는 세상,

수백 년 간 복장이 달라지지 않고, 달력도 없이 살고 있는 것,

추수를 해도 세금도 안 낸다는 점,

"이런 곳이 있다는 걸 누구에게도 말하지 말아달라"라고 당부했다는 점.

이 모든 것이 다 시인의 비밀스런 암시다. 시인께서 "어떤 나라건 힘이 없으면 망한다"는 장량 선생의 무릉정신을 몰라서 안 쓰신 게 아니고, 다ー잘ー정확히 아시면서도, 언젠가 다시 어지러운 세상이 되면, "연꽃 같은 화안정신을 부각시켜라. 그 때 무릉정신을 추가하여 완벽한 유토피아를 제시하라"는 생각이셨다.

'무릉 출신'이 아니면 도저히 못 찾을 그 이치를 알아차린 것 같아, 나는 장고 끝에 묘수를 발견한 프로 기사처럼 기뻤다. 알파고에게 한 판은 이긴 이세돌의 기분 아닐까?

그런 신선 세계를 이해하니, 현실 세계가 더 중요하다는 걸 알게 되더라.

도연명 시인과의 대화

무릉은 힘을 언덕처럼 쌓아 자신을 지킬 수 있는 힘을 가진 사람들이 생사를 가르는 전쟁의 승리로 얻은 이상향행 티켓 매표소라 그 말이지.

나의 이 깨달음을 가상히 여기신 시인께서 언젠가 내게 현몽(現夢)하셨으면 좋겠다.

그 때 난 공손하게 엎드려 절하며, 정중하게 여쭤보고 싶다.

"아무리 도피가 정당하게 생각되던 시절이지만, 현실을 도피한 사람들이 아무도 못 찾는 곳에 숨어 사는 것을 진정한 이상향이라 생각하신 것은 아니시지요?
그리고 당시 선비들에게 이런 세상도 있다고 보여주신 건, 정말로 속세를 피해서 도피하라고 그러신 건 아니시죠?"

시인께서는 내게 용기를 북돋는 말씀을 해 주실 것이 틀림 없어.

"암. 아니지. 나보다 600년이나 먼저 이 땅에 사셨던 장량 선생의 일을 왜 모르겠어. 그리고, 내가 제시한 이상향을 '화안정신'이라 이름지어 줘서 고맙네.
사실 내가, 사람들이 아무도 안 보는 데 숨어 사는 세상이 아무리 행복하다 해도 '불완전하다'는 분위기를 슬쩍 남겨두었는데, 그걸 자네가 알아차렸어.
내가 사람들에게 도피하라고 부추긴 것은, 전쟁을 피해 숨는 것만이 능사가 아니고, 목숨을 바쳐서라도 나라가 안정되게 만들어야 한다는 것을 스스로 깨달으라고 한 말이지.

부디 용감한 무릉원 장량 선생님을 잘 부각시켜서, 거저 얻는 행복이
란 세상에 없다는, 자네가 발견한 '무릉정신'을 바로 세우기 바라네.
그 의도를 자네가 알아냈으니, 자네는 역시 무릉동에서 태어난 이유
가 있어. 그래서 화안정신은 무릉정신과 어울려 〈도화원기〉는 더욱
멋진 시로 사람들에게 읽히게 될 걸세".

난 자다가 감격하며 깨겠지?

무릉도원을 꿈꾼 사람들

'무릉도원'은 누구나 살고 싶어하는 꿈의 땅, 역사적으로도 그곳을
꿈꾸신 분들이 많다.

조선 초기. 세종대왕의 셋째 아들로 당대 최고의 서예가인 안평대
군이 하루는 무릉도원에 다녀온 꿈을 꾸고, 그 내용을 역시 당대 최고
의 화가인 안견에게 설명하여, 3일만에 그림이 완성된다. 대군은 그
그림 제목을 '몽유도원도'라 지었다. 얼마나 꿈꾸었으면 꿈에 무릉도
원을 만날까? 〈도화원기〉와 무릉도원이라는 경지가 얼마나 가보고
싶은 곳이었는지, 그것이 지닌 강렬한 인력(引力)과 자력(磁力)을 사람
들의 이상향에 대한 강렬한 희구를 알 수 있다.

조선 중기. 대제학을 지낸 문장가요 소설가인 신광한 선생이 지은
한문소설 『최생우진기(崔生遇眞記)』는 배경이 강원도 무릉계곡이다.
이 분은 '죽서루 4시사'를 읊기도 했다. 옛 삼척군 지역인 현 동해시

두타동천 무릉계곡을 무대로 한 신선 체험기 소설.

주인공은 강릉 출신 최생, 무릉계곡은 국민관광지 제1호의 경관을 자랑하니, 이런 곳이야 말로 신선을 논할 만한 멋진 경치를 지닌 곳이다. 대단한 상상력을 지닌 선비였을 것이다.

2018년, 서울 모 한의원 원장이 중앙 일간지에 3일동안 시리즈 전면 광고로, 무릉계곡에 '환노반중촌(還老反中村) 건설계획을 광고했다. 중국인들이 대거 비행기를 타고 양양국제공항에 내려 설악산 일대와 동해시 무릉 계곡을 관광하고, 환노반중촌에 살고 있는 99세 이상 노인 33가구의 건강 마을을 보면서, 자신들의 건강도 챙기게 하려는 포부를 대대적으로 광고했다. 무릉도원 만든다고, 복숭아 나무를 심는 행사 이후의 진척은 잘 모르겠다.

조선 말. 청전 이상범이 약관 25세에 후원자의 의뢰를 받고 그린 '무릉도원도(1922).' 스승 심전 안중식이 그린 '도원문진도(1913)'의 맥을 잇는 아름다운 청록산수화로 세로 158.6cm, 가로 390cm에 이르는 대작이다. 지금까지 존재하고 있다고만 알려진 이 작품이 100년 만에 대중 앞에 나선다. 국립현대미술관의 '이건희 컬렉션'을 통해서다(중앙선데이).

신선 세계는 황당한 것이여!

전혀 반대로, 〈도화원기〉의 신선 얘기가 황당하다는 사람도 있다. 그 분이 하필 저 '석고가'를 지은 당나라 시인 한유(韓愈) 선생이다. "신선과 도원 얘기는 황당하다"고 하셨다.

뭐, 말이야 바른 말이지. 나도 문학은 좋아하지만, 발전소 엔지니어로 일단 과학을 우선으로 신뢰한다. 황당하다는 의견에 동의한다.

'두상(竇常)'이라는 사람이 그린 신선 세계 무릉도원 그림을 보고 나서, 노정(盧汀)이라는 사람이 〈도원도(桃園圖)〉라는 글을 썼는데, 한유 시인이 그걸 읽고 나서 쓴 싯구.

神仙有無何緲渺(신선유무하묘묘) 桃園之說誠荒唐(도원지설성황당)
"신선이 있다 없다, 얼마나 막막한가? 도원 같은 얘기는 참으로 황당하다".

선생께서 신선을 부정하고, 도원까지도 부정하셨다. 그런데 무슨 의도로 그렇게 심한 말을?

이 세상에 신선 세계를 본 사람은 무릉 어부-안평 대군-최생 등인데, 모두 상상의 작품이거나 꿈이다. 〈도화원기〉같은 이상향은 존재하지 않는다고, 그런 것은 황당하다고 한 건데, 그 말은 곧, "꿈깨고 냉혹한 현실을 똑바로 보라"는 것이다.

문학과 종교는 '보석 광산에서 교훈을 캐' 삶을 바르게 살도록 하는 것이나, 그것이 사이비 종교처럼 막연한 감정과 묘한 설득으로 사람들이 꿈만 꾸게 만들면 안 된다. 모두들 정신 바짝 차려서 자신이 처한 환경을 바로 알고 꿈 깨라는 말.

〈도화원기〉 화안정신이 환타지 가상의 '이론'이라면 무릉정신은 실생활의 '과학'이다.

화안정신이 허상의 '이상'이라면, 무릉정신은 허벅지 꼬집어 아픈 '현실'이다.

사람들은 종교를 믿고 의지한다. 사랑하고 복지으며, '현실'에서 사람답게 살(다가 천국 극락에 가면 더 좋고)아야 한다. 그게 사후 세계를 두려워하거나, 아니면 동경해서 믿을 일은 아니다. 황당한 꿈부터 깨고, 살아 있을 때 매 순간 천당과 극락, 웃음과 즐거움을 스스로 만들고, 스스로 느껴서, 스스로 누려야 한다는 깊은 생각일 거야.

무릉 부흥 프로젝트

무릉도원기는 무릉 내 할방이들이 아시던 전설과 품으셨던 꿈을 전달하며 3천 년 전 일 도 다루지만, 이 시대 살벌한 경쟁과 머리 싸움에 고달픈 인간이 좀 일찍 남보다 처지지 않게 해주고 싶다.

그것은 다른 말로 사람들이 '정신 건강'을 누리게 하는 일이다.

개인의 경영과 회사 경영도 나라 경영과 똑같다. 자칫 힘이 약해져서, 자칫 큰 기업의 공격에, 자칫 강대국의 낚싯밥이 되어, 자칫 우매하여 나라를 잃어서는 안 된다는, 그것을 우려하고, 나아가 세계 초강대국 반열에 들어야 한다는 것을 강조한다.

사람은 약은 것 같으면서도 어리석으니, 보고 듣는 것을 그대로 맹신하지 않게 하고, 객관적인 충고에 자신을 비판하면서, '바른 것'을 찾도록 도와줘야 한다.

열 띤 경쟁 속에서 사회적 약자가 되지 않게, 일을 잘하는 방법을 미리 알게 한다.

스스로 지식과 역량을 미리 기르게 하고, 마음과 생각은 늘 창의적이며, 실행 결과는 세상을 빛나게 할 생존 수단을 미리 준비하게 한다. 무엇보다 중요한 '쉼 터'를 제공하고, '무–덕–략'을 제시하여, 최종적으로 힘있고 인성이 좋은 삶을 누리게 함이 목표다.

국민된 도리로, 과거 역사의 아픈 상처만 들추어 서로 상처주는 행위를 멈추고, 미래를 만들어 나아가야 한다.

자유민주주의 넓은 길을 걷고, 생사의 전쟁에서 적으로부터 나라를 지킬 수 있게 한다.

이것이 무릉도원기가 추구하는 무릉도원이다. 우리나라엔 많은 종교가 있고, 사람들은 많이 배웠는데, 왜 이 사회는 '엿과 꽃'으로, '빨갱이'와 '친일파'로 갈리는지, 다들 너무 쎄군고(거칠고 질김), 너무 쎄무시롸(억세다). 어타(어떻게) 그리나(그렇게 하나) 당췌?

작은 시골에서 뿌리는 무–덕–략 씨앗이 널리 널리 퍼지리라.

연령에 따라 현재 자신의 위치를 돌아보고, 각별한 '느낌'을 받도록 만들어 주면 좋겠지.

누구나 자신에게 주어진 시간을 여하히 길게 살 수 있을지를 고민할 일이며, 누구에게나 똑같이 주어진 시간에 얼마나 폭넓은 우주 공간을 섭렵하며, 세상을 이롭게 하기 위해 지식을 향유할 수 있을까 하는 문제를 지혜롭게 찾도록 하면 좋겠다.

동시에 사람의 도리–품위–정의–화합–융합–우정–격려 등을 돌아보게 하면 정말 좋겠다.

이처럼 무릉도원기는 선현들의 지혜를 후인들이 실소–실수–실기–실패–실망(失笑–失手–失機–失敗–失望)하기 전에 '미리–일찍–빨리–뼈저리게 후회하면서–기꺼이' 세상사를 깨우치게 하면 좋겠다.

무릉도원재

무릉도원재(武陵桃源齋)

무릉천 물줄기가 무릉동을 감싸고
돌 때, 세 쏙을 이루며 나간다.
3소는 각각 나라–사람–세상을 말
하며, 이들은 힘武–큰德–꾀略과
매트릭스(matrix 입체적 교차)로 가
치가 서로 얽힌다. 첨단IT를 활용
한 놀라운 자료들이 방문자들의
식견–판단–결심을 새롭고 견고하게 만든다.

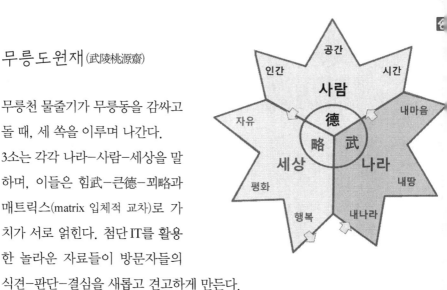

　무릉도원기에는 가시적인 세상과 가상적인 세상의 두 가지가 준비
된다.

　실체가 눈에 보이는 가시적 세상은 무릉도원재(武陵桃源齋) 건물–각
종 필수 책–중요 사진–그림–글씨 액자–영상–점점 잊혀지고 있는
오랜 전통문화 등이다.

　실체는 안 보이지만, 가상적인 세상은, 전용 컴퓨터 시스템을 중심
으로, 현실과 밀접한 내용을 여기 저기 설치되는 수십 개의 칼럼–그

림—논문 등을 모니터에서 볼 수 있고, 내용은 목적에 맞게 잘 분류하고 가공하며, 수시로 내용은 현실에 맞게 수정된다.

할아버지들에게서 전해들은 전설을 현실화시키기 위해, 메워지지 않는 세 쏙을 구현하려고, 일단 15년 전에 내 호를 삼소(三沼)라 지었는데, "너무 쉽게 머리만 굴려 얻은 것"이라 비난을 받을 만 하나, 어떤 홍수에도 메워지지 않는 쏙을 만든 귀여운 아이디어라 생각해 주시면 좋겠다. 무릉 부흥의 실질적 노력 중 하나로, 몇 년 전『무릉도원 가는 길』을 출간했다. 이 책은 나라—사람—세상 중 '나라'에 대한 글, 그렇다면 후속작도 이어서 나올 테지?

무릉이 정말 '큰마을'로 부흥하는데 지혜를 집중시키려 한다. 각박한 현실에서, 자아를 찾고, 자신에게 다짐하며, 세상에 태어나 보람있는 일을 하는데 도움이 되게 한다.

'세 쏙'의 실제 부활

무릉도원재를 운영하는 것은 개인—회사—국가를 강하고 덕성스럽게 만들며, 지속성장 가능하게 도움을 주기 위함이다. 포부가 크다.

무엇을 바로 알아야—무엇을 바로 봐야—무엇을 바로 느껴야 그렇게 되는지, 그것을 준비한다.

'자료 전시'를 많이 하는데, 힘있는 개인—역량 있는 회사—강력한 국가를 만드는 자료를 진열하여 읽게 하고, 필요한 강의—체험—답사—숙박—근덕 인근 1~3일 여행 패키지도 준비한다.

마을사람들과 마음을 맞춘 무릉도원재 프로젝트는 본격적으로 추진한다. 그러나 장량 선생도 처음에는 토가족의 저항에 부딪쳤 듯, 이 일도 처음에는 고향 사람들의 저항을 받는다.

"수십 년 동안 고향에 기여한 것도 없는 사람이 다 늙어 이제 와 무슨 생색을 내려고?"

그런 말을 들을 수도 있겠다. 일리는 있지만, 그게 사리사욕을 채우려는 것이 아니고, 마을 공동번영을 위한 것이니, 마을회의에서 함께-적극-희망을 가지고 추진하기로 결의한다.

행정기관의 도움으로, 마을 한 복판을 금그은 높다란 도로 교각 사이에 건물이 선다. 넓은 땅을 필요로 하는 주차장도 마련된다. 야간조명까지 아름다운 마을이 된다.

무릉과 도원 마을 그리고 인근 마을 사람들이 직접 참여한 농악대가 생긴다.

매일 정오에 약 30분 간 농악을 논다. 관광객들도 농악대와 어울려, 동작을 익히기 가장 쉬운 '벅구'를 올리며 흥겨운 가락에 같이 춤춘다. 농악대는 점차 2교대 조가 구성되어 하루에 두 번 공연한다. 옛날 정월대보름이나 오월 단오 때나 놀던 것이, 여기 오면 매일 볼 수 있다.

무릉 동네 곳곳에 포토존이 생겨 찾는 사람이 많아지고, 차츰 수익금도 생겨, 방풍림 일부 재조성, 무릉동천 쉼터 조성 등으로, 무릉은 시누미(조금씩) 좋아진다.

결국 세 쏙이 부활된다. 이름만의 삼소(三沼)는 실제 세 쏙으로도 재탄생하고, 평소에도 여름에는 실내 수영장처럼 물놀이도 가능하게 만든다. 엉성한 시작, 왕성한 결실!

독서 사랑방, 912 내마음 운동 강의실, 깨 꿈! 조형물, 거꾸로 도는 물레방아, 디딜방아, 벽창호실, 전통 놀이터, You top이야! 예식장, 복숭아–감–뽕나무 숲들이 조성된다.

독서 사랑방은 무료 독서실과 한 켠에 작은 책방도 운영한다. 도서 준비는 신간은 물론이지만, 형제–지인–독지가들로부터 기증도 받는다.

'912 내마음 운동'은 자기 마음을 스스로 정화하는 공간이고, '깨 꿈! 조형물'은 한유 선생 말씀대로 현실에서 허황된 꿈을 깨는 곳이며, '벽창호실'은 스스로 답답한 인생 깨우치기, '어둠과 빛의 방', '전통 놀이터' 등이 생기며, 특별 강의 프로그램도 마련된다.

방문객 중 시간이 적은 사람은 전시품만 봐도 되고, 여유 있는 사람들은 1~3일 정도 머물며 찬찬히 보고 느낄 수 있다. 숙박은 마을의 민박을 이용하고, 동네 식당을 이용한다.

식단은 삼척시와 근덕면 특산물로 만든다. 원덕 고포 미역, 근덕 산채, 삼척 곰치국, 대게, 감자, 옥수수, 특히 새로 개발한 무릉 뽕나무와 도원 복숭아를 활용한 제품들이 많다.

특히 뽕과 누에를 키워 만든 음식과 특산 기념품은 전국 어느 관광지에서나 살 수 있는 평범한 기념품이 아니라, 무릉동과 도원동, 교가리 현지에서만 판매하는 특별한 아이디어로 만든 전용 특산품이다.

명절에 무릉도원재를 방문하면, 전통음식을 맛보거나, 특별 행사를 구경할 수 있다. 이렇게 이 시설은 사라져가는 민속 전통을 이어가는 역할을 겸한다.

무엇보다, 요즘처럼 억지가 센 세태에는, 사람들에게 어디 잠시라도 '마음을 내려 놓고' 쉴 수 있는 쉼터가 필요해. 무릉도원재가 그 역할도 하게 된다.

상하 위계 질서도, 남녀 노소 구분도, 화랑 오계와 삼강 오륜도 모두 봉건군주시대의 유물로취급하면 안 된다는 것도 알게 된다.

극심한 경쟁 심리, 성공과 출세 지향, 남과 차이를 차별로 생각하며, 자유민주주의와는 다른 길을 가려는 시도, 위선과 거짓으로 공포를 만드는 분위기를 방치해서도 안 된다.

윤리 도덕도 중시해야 하고, 조급한 사람들의 마음도 누그러뜨려야 한다.

국가안위와 관련된 자유민주주의, 좋은 일자리를 만들 기업 활동을 자유롭게 할 수 있어야 함을 알게 한다.

"헬조선이 아니라, 우리 나라 좋은 나라 Well 한국!"이라는 생각을 갖게 맹그라야(만들어야) 한다.

편견에 빠지지 않고, 떼로 모여 떼꼬쟁이쓰지 않게(떼를 쓰지 않게) 해야 한다. 매사 정의로운 처사로 땀흘려 선진국 되기에 노력하며, 조국에 긍지를 가지게 만들어야 한다. 드센 파도같은 화를 잠재울 모래불, 포용과 안식의 모래불 같은 역할을 작으나마 여기서도 기여하고 싶다는 거다.

무릉도원재는 차츰 마을 후배들이 힘을 합쳐 운영한다.

세상만사 다같은 이치지만, 이 운영에는 전시하거나 설명할 '내용'이 제일 중요하다. 이른바 '컨텐츠'인데, 이것이 핵심 가치다. 이 때문에 두뇌 집단이 수시로, 시대의 흐름에 맞춰 전체 운영 내용, 특히 무-덕-략 전시 내용을 점검하고, 수정하고-보완하고-추가한다.

자꾸 바꾸기도 하지만, 좋은 내용은 그 때 그 때 책으로 판매도 한다.

무릉도원재에 비치할 자료는 종교에서는 얻기 어려운, 실생활에서 승자가 될 수 있는 정신 철학과 실용 무기들이 많다. 이곳은 조용히 명상을 하는 곳도 아니다. 실현하기 어려운 Ideal idea가 아니라, 허상 세계 도원이 좋은 게 아니라, 현실세계 무릉을 깨우쳐 무릉도원을 완성하는 곳이다. 특히, 근덕 사람들이 만든 특별한 작품도 발굴, 전시된다. 예로, 부남2리 '병풍쟁이'가 그린 병풍, 조상님들이 만드신 책이나 각종 생활기구, 요즘 젊은이가 만든 조각품 등이 수집된다.

'벽창호실'과 '어둠과 빛의 방'

자신이 얼마나 콱 막힌 사람인지를 체험해 보는 '벽창호실'에서는 바른 말도 못 알아먹는 자신을 깬다.

아주 높은 산과 아주 깊은 협곡을 모르고 산 나, 바다의 압력을 모르는 대 빙하, 규모를 모를 우주를 모르고 산 나, 헤진 운동화에 광목 가심을 대고 많이 꿰매 신으면서도 커서 부자 되어야 한다는 생각은 '독하게' 갖지 못한 나,

어려운 사람에게 따뜻하게 토닥거려 주지 못한 나,

눈치도 분수도 모르고 하고 싶은 대로 말하던 나,

이건 내 과거를 예로 든 건데, '이런 종류'의 실질적 삶의 방식에 대

처할 좋은 자료를 모아 진열-모니터에서 보여주고-혹은 강의하려 한다.

사람의 본질-윤리-도덕에 대한 자료도 준비하고, 회사 발전과 조직 발전에 관한 내용과 국가적 책략도 잘 준비한다.

'어둠과 빛의 방'이란, 옛 초가를 재현하여, 고콜을 만들어서 관솔불로 어둠을 밝히고, 석유등잔으로 밤을 밝히며, 전기 없는 불편한 세상을 관람객이 체험하게 만든다.

성냥과 라이터가 없던 시절에 쓰던 부싯돌, 담뱃대, 화로 등도 체험한다.

이윽고, 발로 밟아서 벼를 타작하던 원통형 탈곡기의 원리를 이용해서 관람객들이 직접 발로 밟아 전기를 만드는 체험도 한다.

'깨 꿈!' 조형물과 자료 준비

한유 시인의 잠을 확 깨우는 싯구로 '깨 꿈!' 조형물을 세운다.

막연한 무릉도원의 꿈 확 깨시라고 전시 자료는 혼자 만들기 어려우니 당연히 여러 사람이 참여한다.

평소에 관심은 있었지만, 등한히 했던 따뜻한 사람 되기-능력 배양 방법-기업경쟁력 확보 방법-국가 전략-인간 본성 등에 대한 자료를 힘武-큰德-꾀略에 맞춰 준비한다.

시-칼럼-사진-그림-붓글씨-서각-공예-도

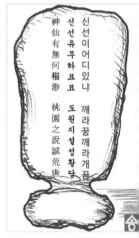

조형물 컨셉은 느낌표!

자기-강의-조각 등은 이 방면에 조예가 깊은 내 친구들과 친지들이 고맙게도 다들 조언해주고 힘을 모아 준다.

특히 무릉도원에 관한 판타지 영상물과 삼척 4계 풍경 영상물은 최고의 인기를 끈다. 장가계의 4계 영상물 또한 크게 주목받는다. 예산의 문제이지만, 중국 장예모 감독 정도라면 대단한 스케일의 작품으로 만들 수 있는 소재를 가지고 있다. 삼척의 문화예술계와 협력하고, 초중고 학생들 동호회 활동의 결과물도 전시한다.

모두가 귀중한 작품으로 만들어진 자료가 여러 사람들의 공감을 불러일으킨다. 귀한 작품은 귀하기 때문에 관람객에게 판매도 한다.

자료를 구경한 관람자가 스스로 거울 본 듯 자신을 비춰보고 마음을 추스리고, 각오를 단단히 가지도록 만드는 것에 주안점을 둔다. 입구에 들어갈 때와 출구를 나오면서' 생각이 어떻게 달라졌는지를 알게 한다. 관람객은 숙제 풀듯 어렵게 대하는 게 아니라, 가볍게 부담 없는 관람을 통해 '자기 자신을 비춰보고 느끼는 자리'가 된다.

'교가리 느티나무 광장' 조성과 산호벽수관 복원

북경에 있는 '석고' 10개를 임내낸(흉내낸) 모형이 세워진 광장이 느티나무 부근에 만들어지고, 이 돌 북에는 원래 글씨의 임모(臨摸)가 새겨진다.

한유 시인의 '석고가' 66구절, 특히 교가 지명의 모태인 '산호벽수교지가'가 크게 새겨진 조형물이 명물로 등장한다.

교가, 나뭇가지들이 어울리는 '교가마음'과 한 마음 용합의 '산호벽수' 창작 정신 글귀도 새겨서 적당한 거리를 두고 세운다. '산호벽수'

교가리 느티나무 광장

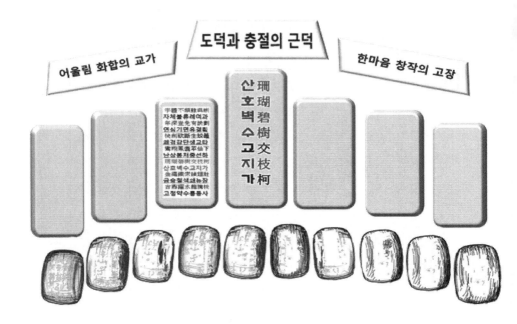

붓글씨 편액은 판매도 한다.

만약 실물 광장 조성이 여의치 못하면, 가상현실(Virtual Reality)와 증강현실(Augmented reality)이 웡칸(워낙) 발달하고 있으니, 이 기술을 활용한다.

이에는 쉽지 않은 작업이 기다리지만, IT강국, 근덕 마이스터고등학교와 강원대학교 삼척 캠퍼스 학생들에게 합당한 대가를 지불하고 용역을 주면, 좋은 제품을 만들 수 있다.

학생 수가 줄어든 근덕초등학교 여유 공간에, 문체부-정통부와 협력하여 조선 1475년부터 1895년까지 420년 간, 오랜 기간 존속했던 교가역관 건물이 원래의 자리에 복원 재현된다. 건축설계 고증도, 건축

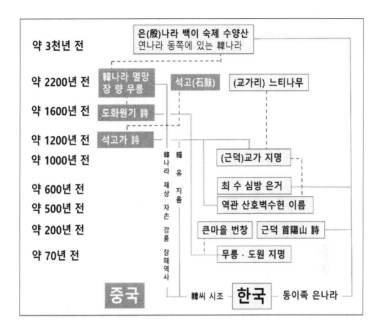

비용도 만만치 않으니, 실제 건축이 여의치 못하면, 이 역시 가상 혹은 증강현실 기법을 쓴다. 관람은 전자 기구를 이용해서, 옛날 역관을 구경한다.

　사람들은 신축 산호벽수관에서, 교통−도로−통신−여관−정보 시설의 수백 년 전 옛 모습을 볼 수 있다. 옛 도로−다리−길−우차 등 운반수단, 말 등 이동수단, 봉화대 등 통신수단, 여관 등 숙박시설, 비표, 마패 등 정보전달수단, 땔감, 난방, 전기 등 에너지 공급 시설 등이 그동안 어떻게 발전하여, 이 5G 시대에 이르게 되었는지, 과거 국내 4대 공업단지였던 삼척의 산업 중심지로서의 모습이 교육적으로도 큰 효과를 거둔다. 삼척도호부도 복원하고 있으니, 온고지신, 과거를 알고 현재를 알차게 꾸려 힘차게 미래를 준비하기 위함이다.

삼척시 근덕면은 '도연명 시인의 화안정신을 존중하면서, 무릉정신과 합하여, 힘-도덕-충절의 고장'으로 인정받게 된다.

그리하여 근덕은, '사람을 사람답게, 기업을 튼튼하게, 나라를 부강하게 만드는데 필요한 바른 정신을 세상에 베푸는 땅'으로 각광받게 된다. 무-덕-략 이 세 가지 요소는 이 나라 정신문화부흥의 터로 각광받게 된다.

홍보

이 소문은 홈페이지, 카톡 등으로 이내 인터넷을 타고 번진다. 외국어 자료도 만든다. 영어-일본어-불어-독어-중국어 안내서. 이 일은 형제들과 가족들 만의 힘으로 만들어도 될 만큼 여러 나라 언어에 능통한 가족이 되었으니, '수꾸대비' 집안은 배움이 커졌다.

서울대 나온 동생, 독일어 박사 동생, 미국 사는 조카, 프랑스 사는 딸도 있으니, 촌에서 그만하면 잘 된 것이지. 우리 집 뿐 아니고, 대한민국이 다 잘 되었지. 이럴 때 새삼 조국에 감사하게 되고, 그럴수록 조부모님과 부모님이 그립다(샤=국립서울대학교 정문).

'재미낭이 방' 개설

뜻하지 않게 미국에서 놀랍고 반가운 소식이 들어온다. 미국 사는 '분○'이 인터넷으로 고향 소식을 찾다가, 무릉도원재 기사를 읽고, 운영비에 보태라고 자금을 보내온다. 이젠 70 가까운 나이, 어려운 집안에서 태어나, '재미낭이' 별명을 가진 아버지와, 소아마비로 다리가 불편했던 어머니, 동생들을 위해 많이 배우지 못하고, 바로 생활전선에 뛰어들었던, '옛날에 24시 편의점'을 했다고 소개한 그 집 딸, 미국인과 결혼해 미국으로 건너가, 남편의 성공에 헌신한 여자. 참 지지리 못 살더니 잘 됐다. 인간 승리다. 이에, 부부를 초청하고, 그들이 무릉을 방문하는 날, '이분○ 기념비'를 제막하고, '재미낭이 방'을 오픈하여, 왕따-학폭-약자 괴롭힘을 막는 일도 한다. 약자에게 너무 살벌한 세상을 꾸짖는 '재미낭이방'이 된다.

옛날에도 근덕에는 정신이상 '돌이'네, '반간나' 놀림받던 단발머리 아저씨, 두치(불임 여자) 아줌마, 천연두 자국이 심한 아이들, 빨간 머리카락 소년, 치공이…. 우리 어릴 때 많이 놀려댔으니 속죄해야지.

'무릉동천 쉼터' 조성

'무릉동천' 바위 아래 기초 부분은 축대를 잘 정비해서 어떤 개락에도 무너지지 않게 되었는데, 물이 얕을 때는 바위 가까이 접근할 수 있게 만들어 글씨를 볼 수 있게 만든다.

쏙은 낚시가 가능할 정도로 깊고 널찍하게 준설하고, '武陵洞天'의 무릉동 역사 안내판을 설치한다. 이미 지어져 있는 정자각과 함께, 거랑 양쪽 가에 사람들이 앉아 편히 쉴 수 있는 쉼터를 잘 조성한다. 카페도 만든다.

그래가지고서나(말을 잇는 말), 아이고 숨넘어갈라(죽을라), 쉼터가 준공되는 날, 마을 사람들이 모여, 돼지 머리 올린 제사상을 걸쭉하게 차려, 막걸리를 통자로 받아다 조상님들 영전에 올린다. 이윽고 남녀노소 무릉 사람들과 자원자들이 모여 짬짬이 연습했던 '농악'을 한 판 질펀하게 논다.

바위 주변에는 늘 깃발을 세워둔다. 옛날의 농촌 대표 깃발인 농자천하지대본(農者天下之大本) 기도 세우고, 무자천하지대본(武者天下之大本)도 있다. 어라? '德자천하지대본' 깃발은 도원사람들의 축하선물. 행정기관에서도 '略자천하지대본' 깃발을 보내주었다.

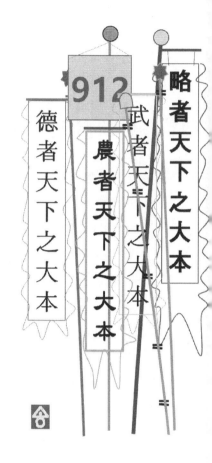

"노세노세 젊어서 놀아 늙어지면 못 노나니, 화무는 십일홍이요 달도 차면 기우나니라"

애절한 할머니 어머니들의 노래도 함께 부른다. 오늘을 사는 사람들이 가난도 알고–어려움도 알고–어둠도 알고–상부상조를 알고–할머니와 어머니들의 고생을 조금이라도 위로해 드리려는 것이고, 편히 살고 있는 우리의 고마움을 조금이라도 나타내기 위함이다.

초례(전통혼례식)도 올린다

'You top이야'라는 야외 결혼식장이다. 전통예식이지만, 주례가 신랑신부에게 들려줄 말을 하는 시간이 있다. 신랑 신부와 하객 모두 두 사람씩 마주보고 엄지 척! 하면서 "유토피아!"라고 소리치는데, 다음과 같은 주례사를 한다.

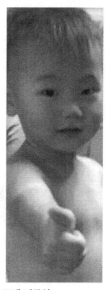

교가리의 의미대로, "부부는 서로 다른 몸으로 존재하지만, 서로의 존재가치가 높을수록 어우러지는 아우라도 훌륭해집니다. 그러니 아무리 다 터놓고 사는 부부일지라도 각자 평생토록 자신의 가치를 높이고, 인자하며 덕성스럽고 화합하는 수련을 게을리 말아야 합니다".

모델 김동하

산호벽수관의 의미대로 "부부는 한 마음으로 서로의 차이를 인정하고, 부족한 점은 서로 보완하고, 우월한 점은 자제(自制) 융합하여, 새로운 창작품을 탄생시켜야 합니다. 자녀를 낳고 가정교육을 잘 시키는 것이 창작이요, 가정과 회사와 국가의 힘을 키워 선진국이 되게 하는 모범 가정, 모범 인재가 되는 것이 창작입니다".

마지막으로 "무릉도원이란, 경치 좋고 살기 좋은 곳이라는 의미 외에도, 내 힘으로 나와 기업과 국가를 지킬 힘을 가진 온화한 화안정신의 사람들이 빼어난 과학기술의 언덕 무릉정신으로 공동체를 발전시켜 나가는 곳으로, 내 가정 내 사는 곳이 무릉도원이 되게, 부부가 합심해 만들면 됩니다".

사이버 무릉도원재

　사이버 무릉도원재도 생긴다. 무-덕-략 자료는 수 천~수 만 점이 될 수 있지만, 잘 기획하고 선별한다. 사람들은 직접 무릉동을 방문하지 않아도 내용을 읽을 수 있고, 영상물을 감상할 수 있다.

　동해바다에 맹방과 덕산, 초곡 등 해변이 생겨나는 수억 년 전 모습이 가상으로 만들어진다.

　덕봉산 3형제가 금강산에서 떠내려 와 자리잡는 모습도, 덕봉산 회선대에서의 신선들의 모임도 볼 수 있고, 춘추전국시대 동이족 생활상을 볼 수 있다. 백이 숙제 두 왕자의 수양산 고사리 실화가 재현된다. 장량 선생과 토가족의 생활상이 나타나고 100전 100승의 험난한 전투가 재현된다.

　장가계의 아름다운 경치와 장량 선생 '영상물'을 감상할 수 있다.

　〈도화원기〉 시의 내용이 전개된다. 도연명 시인과 무릉출신 내가 만나는 장면도 나타난다. 장가계의 4계, 한 번 관광으로는 볼 수 없는 숨은 비경도 촬영된다. 최수선생의 고사리 이야기가 재현되고, 최종원 선비의 시작(詩作) 모습도 나타난다. 와유정에서 근덕 선조들이 시가를 읊는 정경도 볼 수 있다. 산호벽수관을 포함, 교가리 시가의 큰 화재도, 고청산에서 임금께 제를 올리는 모습들이 모두 재현된다.

[사이버 무릉도원으로]도 생긴다.

　근덕을 방문하지 않더라도 직접 걷는 것과 같은 효과를 타지, 심지어 외국에서도 거둘 수 있다. 당연하게, 근덕면 명소의 4계절 아름다운 풍광도 '매우 아름답게' 영상물로 제작한다.

근덕 사람도 잘 모르는 근덕의 비경 곳곳이 세상에 나온다. 무-덕-략 철학과 심미안으로 촬영한 영상물이 편집, 상영된다.

사이버 영상물 편집 과정에는 사진과 그림 등 전문가인 내 친구들이 도와준다. 그들은 장가계와 근덕의 사계를 촬영하고 편집하는데 큰 도움을 준다.

생각하는 관광

사람들은 생각을 빠르게 하겠지. 개인-회사-국가에 대하여, 힘-큰-꾀, 무-덕-략에 대하여 무엇을 봤는지를, 나는 누구이며-지금 인생의 어디쯤에 와 있는지를-자신을 바닥에서 돌아보고-지금 위치에서 앞으로 어찌 살면 좋을까를 생각하게 될 것 같다.

사람들은 삼척의 신비롭고 아름다운 동굴과 해변, 테마 공원, 즐거운 놀이기구도 좋지만, 지방의 한 작은 땅에서도 이런 철학을 도출한 소재에 놀란다.

"여태 가 본 다른 관광지와는 많이 다르다.

'나'를 생각하는 관광이다. 꼭 한번 다녀갈만 하다"는 소감을 나타내게 된다.

소문과 홍보의 힘으로 무릉에는 방문객이 생겨나고 늘어난다. 중국과 타이완에 "도연명의 〈도화원기〉 후속작이 한국에서 나왔어!". "무릉정신이 중요해!"라는 소문이 돌아 관심 있는 사람들이 모여든다.

무릉도원재는 생각하는 관광사업, 즉, 인간 내면의 가치를 다지는 아이템이다.

삼척시에서 매우 높은 가치로 여기는 고려 문신 이승휴의 '제왕운기 사업'과는 좀 다른 각도에서 바라봐야 하는, 그러나 상당히 높은 가치를 가진 생활 철학의 소재다.

덕분에 무릉동과 도원동은 옛 이름을 되찾을지 모른다. 뽕나무와 복숭아 나무가 많이 심어지고, 나무 열매-잎-버섯 등과 관련된 많은 식품과 선물이 삼척 특산물로 개발된다.

이 글에 나와 있는 톡톡 튀는 아이디어들도, '척주동해비 도자기'와 '평수토찬비 도자기'와 비슷하게, 특유의 기념품으로 팔려, 주민들의 삶이 시누미(조금씩) 나아지기 시작한다.

인구가 줄어들고, 5일장이 다른 곳으로 옮겨져서 썰렁해진 교가리 느티나무 부근 시가지는 서로 생각이 다른 사람들의 마음을 화합하는 장소가 되어, 느티나무를 중심으로 차분한 관광명소가 된다. '교가 마음'이 국민화합의 길을 비추는 등잔불이 된다.

이제 무-덕-략의 내용 예를 제시한다.

힘 무(武)

자유-민주-개방의 길로 "뭉치면 산다"

나는 사회생활을 하면서 나름 생존 법칙을 터득했다. 힘(武)을 바탕으로 한 큰 덕(德)이 삶의 기본이고, 무와 덕은 꾀(略)의 지배를 받아야 한다고.

武는 건강-지식-역량-경제력-경영 능력-국방력-외교력 등. 德은, 염치-정의-진실-우정-도덕-인륜-배려-희생-책임-화합 등. 略은 정책-정보-분석-전망-이념-통찰-판단-결정 등이다.

암만 힘센 군자라도 차가운 눈(Cold Eye) 또는 매의 눈(Eagle's Eye)으로 전체 판세를 바로 보고 '결정의 순간'에 판단을 바르게 해야 할 꾀(略)가 없으면, '눈치보기' 꼭두각시 인생에 이용만 당한다.

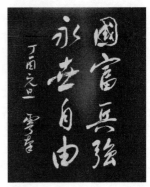

휘호:
국부병강 영세자유
정유 원단 우남
이승만

개인-조직-국민이 도덕과 힘을 기본으로 '가정-회사-국가를 화합시켜 사회를 지속성장시켜

나갈 수 있느냐?'하는 무덕(武德) 관점에서 고민하고, 略이 武德을 제어(Control)해야 한다.

"세계 질서는 '힘의 질서'와 '법의 질서'의 결합"이라 했다(브레진스키).

내 말이 그 말이야. 힘 무(武), 큰 덕(德)과 맥락이 같다. 그런데 그것만으로는 안 된다. 략이 추가되는 것이 다르다. 이승만 대통령은 "뭉치면 산다"며, 국민의 힘 모으기를 호소하면서, 왕조 시대와 식민 지배에서 갓 벗어난, 세상물정에 어두운 우리에게 '봉건 왕조-양반·상놈·노비-쇄국정책' 대신, '자유 민주-인권-개방'의 략(略)의 길을 안내해 주셨다.

직분에 충실하는 것도 쉬운 일 아니다

근덕 친구 동해(東海) 심병섭은 일찍 고향을 떠나, 나이 30대 때, 그 시절 국교도 수립되지 않은 동유럽 공산국가에 뛰어 들어가(사실은 비행기 타고 아재 재치), 면직물 수출과 직조기 수입의 길을 뚫었다. 많은 규제 장벽을 어떻게 뚫고 그 국경선을 넘나들었는지, 그 땐 국제전화도, 국제 운송도 불편하고, 이메일도 카톡도 없던 시절인데, 오로지 텔렉스 하나만 믿고 어떻게 물건을 차질없이 보내고 받았는지, 어떻게 금융거래를 한 건지, 구들 장군 샌님인 나는 그저 놀랍기만 한다. 친구의 역동성은 좋은 수출 상품 못지않게 가치가 높다. 대한민국 수출입국 산업화의 역군이다.

삼척 친구 사업가 가호(佳護) 김한수는 미국에서 처음 본 사업 아이템으로, 노인을 돌보는 회사의 경영자다. 회사는 국내 업계 1위의 사업체가 되었고, 다양한 아이템으로 영역을 넓히고 있다. 전국에 130여 지사를 두고 노인들을 보살피는 사회적 기업으로, 그는 회사경영자로서 '세금을 바르게 내는 것'을 제1의 신조로 삼는다. 어려운 친구에게 마음을 나누고 '신중년사관학교' 설립과 운영에도 관여했다. 노령화 사회에 개인의 힘이 나라의 힘이 되는 좋은 사례다.

2014년 캐나다 국회의사당에서 발생한 테러가 대형 참사로 이어지지 않은 것은 한 의회 경위의 아주 적절한 대응 덕분으로 알려졌다. 케빈 비커스(58세)는 회의장 밖에서 총기를 난사하던 범인을 사살했다. 당시 회의실에서는 캐나다 총리와 여당 의원 등 30여 명이 회의를 하고 있었다. 비커스가 범인을 제압하지 않았더라면 총리와 의원들이 목숨을 잃는 끔찍한 사건으로 이어질 수 있었다.

결정적인 순간에 사살을 결심하는 일도 쉽지 않고, 자신이 죽을 수도 있는 숨막히는 순간에 손가락이 떨릴 텐데, 몇 발로 명중시키려면, 평소 많은 연습을 하지 않으면 어려운 일이다. 자기 위치에서, 완벽하게 본분을 수행한 '개인 힘'의 좋은 본보기들이다.

밥 먹여주는 기업이 나라의 힘이다

기업이 氣Up되어야 다들 원하는 좋은 일자리가 생기고, 좋은 일자리가 생기면 우리 사회의 많은 문제들을 연쇄적으로 해결할 수 있다.

기업은 기술이며, 기술이 밥 먹여주고, 사회를 발전시킨다.

지난 4년 간 소득주도성장은 실패라고, 뒤늦게 야당 대표가 자인했다. 반기업정서의 역효과로 인해, 앞으로 경제정책은 진로변경 필요성이 확실하다.

"기업은 매일 생사 절벽에서 발버둥치고 있는데, 정치권은 경제에 눈과 귀를 닫고 자기정치에만 몰두하고 있어 앞길이 걱정입니다".

박용만 대한상공회의소 회장의 호소는 달부(거의) 절규다.

"철탑 농성만 하면 누가 GM 새 차 사줍니까? 이제는 노동운동도 달라져야 할 때. 노조라고 임금 투쟁만 해선 안 되고, 비정규직 문제 등 여러 사회문제를 해결하는 데 기여해야 한다"

민노총 GM 김X갑 지부장의 말처럼, 조합이 있어서 누릴 건 돔팡(엄청 많이) 누리는 대기업 노조는 스스로 깨어나야 한다. 회사가 거덜 난 뒤에 노동조합이 깨닫는 건 너무 늦다.

기업인들이 세계를 다니며 시간을 쪼개고, 머리를 맞대 작전회의하고, 고민 투배기(투성이) 문제들을 밤잠 설치며 해결해 일군 산업계다. 요즘 밸락시럽게(별스럽게) 왜 기업이 절규하도록 만드나?

내다 팔 물건 어떻게 만들어야 잘 팔릴지 고민한 적도 별로 없고, 물건 하나 내다 팔아 본 경험도 거의 없는 비전문가들이 산업 정책을 쭈물구고(주무르고), 기업가의 발목을 뽈때거나(부르트리고), 재비티리려(어긋나게) 드니, 걱정이 많다. 기업을 키우지 않으면 나라꼴은 앤생이(허약해서 빌빌거리는 사람)처럼 되고 말 것이다.

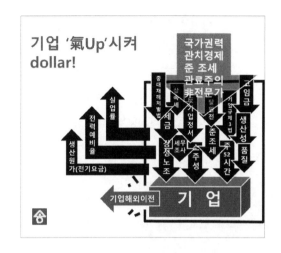

나는 잠시 모 재벌 젊은 부회장 수행출장을 다녀온 적이 있다. 비행기와 버스를 타고 이동하는 시간까지도 아껴서, '다른 사람의 이야기를 듣고, 문제를 제기하여 토론하던' 젊은 경영자에게서 무척 많이 놀랐고, 나 자신이 많은 것을 새롭게 깨우쳤다. 그런 사람이 경영하는 회사는 잘된다. 내가 직접 묻고 대답을 들은 그 분의 막대한 재산과 권한에 대한 견해는 의미심장했다.

"이 자리는 제 것이 아니고, 잠시 제가 대신 맡은 것이지요".
마치 해탈한 것 같은 대답에서 젊은 오너 경영자의 한가로움이 아닌, 오히려 긴박감과 비장함마저 느낄 수 있었다.

법-언-정, 부러움을 산 만큼 바른 일 해야

나는 법률-언론-정치의 깊은 속성을 잘 모르니 원칙만 말한다. 법을 주무르는 일부 인사는 '깽(Gang)판치는(아재 재치) 액션 배우' 같아서 불쌍하고, 못 볼 꼴 보는 착한 국민들의 준법정신이 희박하게 될까 봐 걱정된다. 어떤 사람들은 "그런 걱정 뿌뜨라(붙들어) 매"라 하겠지만.

정의의 쌍검으로 불의를 탁! 쳐내 주기를 바라는 것이 법이다.

국민들이 어리꼬깔찌개사(허깨비끼어서) 바르게 판단하지 못하는데, 법을 다루는 사람마저 그러하면 나라가 뭣이 되겠는가!

법의 원칙은 약자가 억울한 일을 당하면, "법대로 해!"라 외치는 데에 있지 않을까?

언론은 '정치'라는 돛배에 불어주는 바람이요, 사회, 문화 등 많은 분야에 불을 지피고, 불이 싸도록(세도록) 산소를 공급하는 바람 역할이다.

언론이 부당하게 핍박받던 때, 국민들이 마음 모아주던 일 아직도 생생하다. 언론이 얼차리지 못하면….

언론의 원칙은, 약자가 억울한 일을 당하면, "언론에 확 뿌려버려!"라 말하는 데 있는 것 아닐까?

정치권은 국민화합과 국가발전을 위한 원대한 미래 설계는 제쳐놓고, 허구한 날 정권 쟁탈과 이념 싸움에만 매몰되었으니 딱하다. 정치의 원칙은 무-덕-략이 아닐까?

발전소와 환경에 대한 '무지 무지(無知)'한 오해

일반적으로 알고 있는 상식과는 '전혀 다른' 의견도 있다는 걸 아는 것도 좋겠다.

요즘 '온실가스의 주범'이라 공격하는 석탄발전소인데, 요새 건설하는 발전소에 가면 탄 알갱이를 구경할 수 없다. 진공 설비로 운반하고, 거대한 건물 안에다 저장하기 때문이다.

전기생산원가를 낮춰 수출제품 경쟁력을 높이려고, 원전과 석탄발전 기술을 자립하여, 고품질 전기를 공급, 정밀 전자제품 품질까지 높인 일은 정부-한전-발전사, 연관회사들의 자부심인데, 50년 넘게 이 일에 종사한 나는 공해생산공장이라는 손가락질에 죄인 아닌 죄인이 됐다.

지금 우리 생활은 윙간(원체) 편리해서, 1000년 전 사람들이 볼 때는 신선놀음이다. 이제는 전기 없인 물도 못 마신다. 이건 온실가스를 많이 배출하게 만든다. 한 집에 두 세대 자가용-가스레인지-보일러-세탁기-공기청정기-정수기-CCTV-승강기 등. 심지어 버스정류소에 에어컨도 놓고, 전기 난방 의자도 놓고, 발전소만 나무라면 좀 심한 일이다. 우린 세계10위 전력대국으로, 연간 쓰는 석탄도 천연가스도 엄청 많아졌다. 국내에 자원이 없으니 (무연탄 아닌) 유연탄과 가스는 다 수입한다. 국내 무연탄은 어느 코에 갖다 붙이지 못한다(택도 없이 적다). 막대한 돈으로 수입하지 않으면 전기를 쓸 수 없다. 그런데도 에너지 자립을 한 원전까지도 못 짓게 한다? '에너지 안보'라는 말을 모르는 사람들이 쓰는 정책이다.

빌 게이츠는 인조 고기를 먹는다. '10억 마리의 소 똥이 온실가스의 51%까지도 배출하기 때문'이란다. 지금까지는 축산업의 온실효과를 제대로 계산하지 못해, 산업시설이 포데기(누명) 쓴 꼴이다. 발전소 미세먼지는 집진기 추가 설치로 해결된다. CO_2는 저장–예방–감축–재활용 기술이 연구개발 중이다. 암 예방, 코로나19 백신과 치료제 개발처럼 시간이 필요하다.

현재 재와(겨우) 일어서려는 개발도상국의 '초초임계압(USC) 석탄발전'은 국제적으로 인정된다. 못사는 나라가 '내 땅 속 석탄' 캐 쓰는 건 당연지사다. 어두운 밤, 전기 없는 까막나라에 살아 보지 못한 요즘 젊은이들이 후진국 삶을 어떻게 알겠나?

우리가 쓸 수 있는 에너지는 나무 뿐이던 시절에, 힘껏 나무를 베다 난방–취사–조명을 하여 산이 온통 벌겋던 때 식목도 많이 했지만, 19 공탄이 보급되지 않았으면 산이 파래지기 어려웠다.

'라떼' 말고, '라처'(아재 재치)세대

6·25 후 미국 원조로 우유 가리(가루)와 강냉이 가리를 배급해준 덕분에 허기진 배를 많이 채웠다. '반공을 국시의 제1의로 삼고'의 5·16 혁명 공약을 달달 외우며 컸다. 매일 먹는 죽이 참 싫었지만, 어떤 친구는 죽조차 못 먹고 탈진상태에 이른 것을 다른 친구가 발견해서 구한 일도 있다. 정라진에 살 때, 여덟 명 소실(식구)이 단칸 셋방에서 이불 한 채로, 저녁 때 보리쌀 한 되 사다 푹 뽈궈(불려) 가지고, 저녁에 반 먹고, 이튿날 나머지로 아침 에우면(때우면) 엄사(없어). 정슴(점심)같은 건 당연 굶고, 근근득신(겨우) 그 날 벌어 그 날 사니, 남과 농과(나눠) 먹을 줄 모르고, 농굴(나눌) 것도 없고, 자연 꾸다리(구두쇠)가 되어야 하는 각박한 하루살이.

그래도 "슬기롭고 쓸모있는 사람이 되자"는 멋진 교훈대로, 공전 졸업 전에 한전에 합격했다. 혁명정부의 산업화전략으로 만든 5년제 국립 전문학교 덕분이었다. 정말 고마웠다. 취업도 했겠다, 졸업식날 대표로 '답례사'를 하면서 좀 우쭐했지만, 그 시각에 한 친구는, 딴 친구가 등록금을 못 내 졸업식에 참석하지 못하는 걸 알고, 그를 위로하러 바닷가에 같이 가 마음을 달랬단다. 내가 포시러운(복에 겨운) 소리 했네. 초등학교도 못 나오고─식모살이─버스 차장…. 우린 닭기름이 듬뿍 든 '라면이 처음 나오던 때'를 겪은 '라처 세대(아재 재치)'다. 그 라면마저 못 먹어, 한 친구는 휴가 한 달 중 보름 일찍 귀대했다. 국군 역사상 희귀한 기록이겠지? 그도 나도 한전 휴직사원이었으니, 3년 동안 월급을 받았다면…. 지금도 서러운 생각이 든다.

평생 험한 일 많이 하신 어머니 손가락은 휘어지고, 꾸둑살(굳은살) 이 배개사(백혀서) '쇠스랑' 같고, 허리는 '곰배(농기구)'같이 꾸부라졌지만(구부러졌지만), 자식들 교육시켜 다 출세시켰다. 모두 취업─결혼할 수 있었으니, 5·16혁명과 산업화는 우리에겐 '광명'이었다. '라처 세대'는 반공보다 훨씬 쎈 '멸공!'을 구호로, 군대 3년을 마쳤다.

우린, 민주화─법─데모 그런 건 모른다. 그건 그들만의 세상이 따로 있는 줄 알았다. 우리에게 가난과 배움으로부터 자유로울 수 있는 혁명이라면 열 번도 좋다. 물론 이것은 민주화를 가벼이 보거나, 안 해도 좋다는 말과는 다르다.

다신 혁명이 안 일어나게 할 혁명을 해야 한다

5·16의 의미는 '산업화의 기름을 쓰고, 식탁에서 기름진 고기를 먹을 수 있게 된 쿠데타요, 혁명'이다. *박정희 보다 100배는 더 독재를 한 언론탄압, 린치,*

협박 그리고 미국인을 제일 많이 죽게 한 링컨이지만, 그가 위대한 미합중국을 지켜낸 가치가 더 높기 때문에, 미국사람들은 링컨이 잘못한 부분은 땅속에 묻어 버리고, 예수님 다음으로 존경한다(인요한).

미국 남북전쟁처럼 한국도 남북 전쟁 6·25를 겪었다. 링컨은 노예 해방이라는 가치 높은 인권문제로 전쟁을 치러, 째졌던 '연방 재통합'을 이뤘다.

한국은 북한 인권은 말도 못 걸고, 쇠락한 이념으로 '연방제 통일'을 하려 한다고 말이 많다.

말은 비슷한데 뜻이 다르다. 과거 대통령들이 잘한 일도 많은데 꼭 잘못한 부분만 파내서 떠드는 일, 이제 미국처럼 '지혜롭게' 땅에 묻어야 한다. 수십 년 동안 그런 세월 보냈으니.

세상의 모든 인물과 역사(役事, 歷史)는 다 공과가 있다. 축조 과정에 엄청 많은 노역자들이 죽었다고, 만리장성과 진시황릉은 몰려드는 관광객을 받지 말고, 그냥 파괴시켜야 하나?

병자호란-임진왜란-식민시대. 역사책에 페인트 칠한다고 그 역사가 지워지지 않 듯, 어떤 역사도 좋은 점은 좋은 대로, 나쁜 점은 전화위복의 교훈을 뽑아내 반성하고, 실수를 되풀이 하지 않으면 된다. 그런데 우린 왜 나쁜 쪽만 들춰내 아픈 상처로 회상시키는가?

공으로 과를 몽땅 덮어도 안 되지만, 과로써 공을 몽땅 덮는 자들에 이용당해서도 안 된다.

역사가, 그것을 바라보는 사람의 감정–각도–위치–이념에 따라 그림자의 농도–형상–크기–존재 여부까지도 다르다면, 나라의 근본이 흔들리는 일이다. 혁명은 필요하다. 그러나 혁명이 일어나게 만드는 것은 불필요하다.

'국민화합', 대한민국의 지상 과제다

보수와 진보는, 사찰로 치면 '일주문(一柱門)'의 양 기둥, 산업화와 민주화. 사람으로 치면 양 다리(아재 재치)도 아니고, 투다리(가게 이름)도 아닌, 두 다리–바둑 흑백 돌–장기 초한 장기 알이다. 그런데 저쪽 것은 싹뚝 자르거나, 싹 쓸어버릴 적폐로 생각하여 맨날 엉그리해서(화나서) 싸우니, 머지않아 함께 무너질 형세다.

정치–행정–사법–언론을 포함 국민들에게 묻고 싶다. "토착 왜구와 빨개딩이(빨갱이)로 맨날 싸움질하는 두 패를 화합시키려고, 이 시간 누가 과연 애를 쓰고 있는가?"

국민화합은 어떻게 실마리를 찾을까? 할머니들이 삶은 누에고치에서 실마리를 찾아 비단실을 뽑아내 듯 어려운 일이지만, '眞짜 産업화 세력과 진짜 民주화 세력'이라면 무엇이 어렵겠는가?

제3지대? 나이와 상관 없이 '화합하고 성장할 제3의 정치철학'이 요구되니, 요즘 '젊은 기류'가 형성되는 것이다.

누가 국민을 이간질시키는가!

수·당 백만 대군을 격퇴시킨 고구려, 동이족 넓은 땅을 다스리던 우리 조상이시다. 천 년 전에 바둑판 같은 도로를 가지고, 수껌(숯)으로 밥해 먹던 경주와, 80m 높이 황룡사 9층 목탑, 해상왕 장보고 청해진, 세계적 걸작 반가사유상과 백제 관음이 조상님들 솜씨다.

무지막지한 살륙자 몽골조차 나라를 멸망시키지는 못한 고려요, 고려청자─세계최초 금속활자─팔만대장경─조선 백자─거북선을 위시해, 탁월한 능력의 우리 조상이시다.

5천 년 장구한 동이족 배달민족의 막강한 군사력-광대한 영토 관리력-이민족 포용력-건축기술-조각 예술-진취적 해양 국가-세계에 유례 없는 품질-애민 사상 한글 창조-고고한 선비정신이 있었다. 그 위대한 조상의 고상한 힘 다 어디다 잊어버리고, 분단된 반 토막 국토에서 좌/우파가 허구한날 이리 이리떼처럼 물고 뜯고 싸우는가?

나라를 위해 한 몸 바칠 정치가는 안 보이고, 정파이익에만 몰두한 자들을 꾸짖고 싶다.

이 나마니(노인) 감히 묻노니, 정치-사법-언론이 무슨 자격으로, 국민의 세금으로 월급을 받으면서, 국민을 편가르고 이간질시키면서, 추호도 화합할 생각은 하지 않는 건가?

그대는 3·1운동 때 태극기 흔들며 일본에 저항 한 번 해봤나? 만주 벌판에서 말달리며 목숨바쳐 독립에 기여했나? 미국의 원폭 두 방으로 해방된 것이 이 나라 아닌가? 6·25때 총 한 번 쏴 봤나? 절체절명의 위기에서 국군-미군-유엔군의 힘으로 건진 것이 이 나라 아닌가? 우린 대체 자유 대한을 위해 어떤 땀을-무슨 피를-얼마나 흘렸는가?

가난 탈출 새마을 운동에 삽질 한 번 해봤나? 단지 산업화에 좀 기여했고, 민주화에 좀 기여한 것일 뿐, 선열들이 피흘려 지키고 부모님들이 주린 배 움켜쥐고 키운 나라인데, 뼈쩍구리(선머슴)같은 자들이 무슨 낯으로 이렇게 과거 파뒹구기(파내기) 놀음이나 벌이는가?! 그 역사 만드신 어르신들 아직 살아 계신데, 젊은 사람들 이리 모질게 싸움시키고, 이용하는가? 화합하자. 위대한 배달민족의 조상을 가진 어리석은 후손들이여!"

나훈아 멘트를 오해하는 것 같아

얼마 전 나훈아의 발언에 대해서, 사람들은 'KBS 거듭나기'나, '위정자'가 어떤 뜻으로 한 말인지를, 지 맘대로 봄 논 물 끌어 대 듯 해석했다. 그가 오랜 준비 끝에 한 말을 해석하는데 진지함이 부족하여, 여당 공격용으로 흰들 흰들(경박스런 태도로), "여당. 거 봐. 꼬시다(고소하다)"식이니, 이해를 잘못한 것이다.

명랑정치유머
**박정권
촛불집회로
무너지지 않았나?**

SK '3타점 박정권'
잠실 적지에서 7-3 첫 승
2018.11.4 한국시리즈

오해다. 그는 "국민의 힘이 약해서 생긴 위정자(僞政者)"라 했다. 내 생각에, 나훈아는 '국민의힘' 당을 지칭한 거다.

만약 그게 아니라면, 여당을 포함한 '일반 국민의 힘'이 약함을 가리킨 것이다. 거기엔 너/나―여/야―좌/우―우리 모두가 포함되었다. 국민 모두가 해당되는 '국민의 힘이 약해서'라는 구절은 왜 제대로 듣지 못하나? 자기는 아무 문제가 없고, 남만 문제가 있어야 한다는, 거지같은 마음인 거지.

"국민의힘 당이 좀 잘하지" 또는, "국민들이 제대로 알아서 제대로 표를 찍을 수 있어야 한다"는 말이 아닐까? 그는 '테스형'이라면서, 소크라테스가 "너 자신을 알라"는 말을 툭 뱉고 갔다고 노래했다. 내 말은, 그게 우리 모두를 향한 외침이었다는 것. 그런데 왜 KBS와 여당 정치가만 해당하냐?

'의도의 실패'라는 비평 용어가 있다. 나훈아가 툭 뱉은 말을 들은 내가 너무 진지하게 해석했다면, 의도의 실패가 적용된다. 그렇더라도, 내 생각에는 나훈아는 "국민의 힘이 약해서"라면서 '국민의힘' 당과 '국민 모두'의 가슴에 창을 던지 듯, "너 자신을 알라"고 소크라테스 이름을 빌어 빡세게, 팍! 세게, 창을 던진 것이다.

이 나라에 대학교육 받은 사람이 얼마나 많은데 국민의 힘이 약하다고 지적한 것은, "암만 배우면 뭐하나? 지 자신을 모르는데!"라는 의미가 들어있다.

'앎-참-삶'이 힘이다

철없는 초등학생 세계에도 왕따가 있는 건 동물의 본능, 누가 갈채 준(가르쳐 준) 것도 아닌 자연의 섭리. 작은 어항에 갇힌 열대어도 먹이 다툼하고, 어항보다는 훨씬 넓지만 동물원 울타리에 갇힌 원숭이도 서열다툼하고, 동물원보다 엄청 더 넓지만 초원이라는 울타리 없는 한계에 갇힌 야생동물은, 약한 놈 안 죽이면 센 놈이 굶어 죽는다. 동물원 가서 그 짐승들 구경하고, 산야에서 사냥하면서 즐기는 인간도, 알고 보면 다들 '제 앎의 울타리'에 갇혀 있다.

정치-검찰-언론은 우파와 좌파라는 '파(派)타리'에 갇힌 '동물' 같고, 추종자들은 이리 저리 휘둘리며 이용당하고 있다. 만해 한용운 선생도 이리 말씀하셨다.

"잘난 것과 못난 것의 승패와 힘 센 놈이 약한 놈 잡아먹는 게 자연 법칙이라, 이럴 때 군사력과 경제력, 외교력 등이 있어야 한다".

힘은 앎에서 나오고, 앎
은 참이요. 참이 힘이다. 모
든 것은 '먹고 살 것이 있을

때나' 할 수 있는 말이다.

한글이 '지식 힘'을 준 혁명이라면, 5·16은 '먹이 힘'을 준 혁명이다.

한글이 '앎의 힘'을 준 혁명이라면, 5·16은 '삶의 힘'을 준 혁명이다.

영어 Believe는, 새빨간 lie를 품고 있다. Believe or not(믿거나 말거나)이 아니고, Believe and not(믿어라 그리고 믿지 마라)이다. 어디에 lie가 숨어있지는 않은지 의심해야 참이 밝혀지고, 그래야 진실을 알고 힘이 생긴다. 이 나라를 두 패로 갈라놓은 많은 사건들, lie를 가지고 지 맘대로 쭈물구(주무르는)는 자 없는지, 정신 바짝 차려야 한다.

꽃게잡이 어부는 꽃게를 잡으면 재빨리 집게 한 쪽을 뿔때(부르트려) 놓는데, 우리의 독(毒)오른 집게는 누가 뿔땔(부르트릴) 건가?

웃자란 식물은 영잎이 빨리 생긴다

앞에서 電力이 세계 10위라 했는데, 국력도 세계 10위 급이다. 이게 불과 40여 년 만에 이뤄진 일이니, 웃자란 부분이 있어, 가난–어둠–인내–성취–배려–감사를 잘 모르는 사람이 많다.

코로나19로 인해 의료, 제약 등의 후진성을 빤히 보고 있는데도, 이제는 진보할 일이 없는 것처럼 '현재를 누리려는' 모양새다.

타인과 약자를 배려하며–예절과 질서를 지키며–새 첨단기술을 개발하며–정의와 희생의 가치 높은 선진국이 되려면 시간은 물론, 땀과 절약과 공부와 인내가 이 더 많이 필요한 데도 말이다.

요즘 '졸부'의 반대로 '벼락 거지'라는 말이 생겼고, 그 비슷한 '졸권'이라는 말은 내가 만들었다(아재 재치). '어공'처럼, 졸지에 생긴 권한을 권력으로 착각하여 사유화하거나 우격다짐용 권력(拳力)으로 사용하는 사람들을 말한다.

졸권은 전문성이 딸리고(모자라고), 공정하지 않아서 문제다. 졸권은 '일의 기본'과 직장 세계의 질서를 뒤집었다. 파격적 발탁이면 능력이 인정된 것이니 축하할 일인데, 비전문가의 특권과 반칙, 불공정과 파당에 의한 것이라면 나라의 근간이 흔들리는 일이다.

누구를 나물구겠나(나무라겠나)? 사회 분위기가 이리 됐으니, 우리 모두의 책임이다.

권한을 가진 리더는 사고가 일어나지 않게 해야 하고, 일어나면 신속하게 처리할 줄 알아야 하고, 내리(내일)-모레-글패(글피) 무슨 일이 일어날지 예측하는 기술도 좀 있어야 한다. 또한, "힘은 넘치더라도 바르게 써야 한다. 武가 正을 품은 이유가 뚜렷하다"는 것이 나의 '武에서 찾는 바를 정(正)자 이론'이다. 2018년, 한국미술관에 전시된 어떤 작가의 서예작품 천자문 중 武자가 놀랍게도 그칠 止를 바를 正으로 쓴 것을 발견하여(사진), 나는 껑충 뛸 듯 기뻤다.

군인을 군바리 취급하면 늙은 오빠 기분 안 좋다

"전쟁을 잊은 군대는 그 존재 가치가 없다. 평화는 강력한 힘에 의해 지켜진다. 훈련하고 또 훈련하길 바란다. 적의 어떠한 도발 위협에도 당당하고 강력하게 대응하는 정예 강군이 되기를 기원한다".

수갑을 찬 김관진의 모습을 떠올릴 때마다, 백의종군하던 충무공 모습은 어땠을지 궁금하다. 병장 출신이 이럴진대 친구인 장교 종태, 장군 규식의 심정은 과연 어떨까?

박찬주 대장의 전역사를 무-덕-략으로 분류해 보았다. 이에는 '대장 갑질'같은 건 없고 '대장다움'만 있다. "군이 정치보다 도덕적 우월감을 가졌다"는 말은, 삼성 이건희 회장의 "기업 2류-관료 3류-정치 4류"라는 말과 상통한다. 박 대장은 무죄로 판결났는데도, 회복 불능에 보상 불능의 타격을 입은 일을 생각할 때마다, 왜 영화 '쇼생크 탈출'이 생각날까?

문제는 무죄를 받았는데도 아랑곳없이 세상은 꼴통 군인으로 계속 낙인찍는 일이다.

力武-비록 정치 지도자들이 상대편의 선의를 믿더라도 군사 지도자들은 선의나 설마를 믿지 말고 스스로의 능력과 태세를 믿을 수 있도록 대비해야 합니다. 힘이 뒷받침 되지 않은 평화는 진짜 평화가 아니며 전쟁을 각오하면 전쟁을 막을 수 있습니다.

큰德-정권이 능력을 상실하면 다른 정당에서 정권을 인수하면 되지만, 우리 군을 대신하여 나라를 지켜줄 존재는 없습니다. 군이 비록 정치의 통제를 받음에도 불구하고 군이 정치보다 도덕적 우월감을 갖게 된 건 바로 이런 이유 때문입니다.

꾀略---평화를 만드는 것은 정치의 몫이지만 평화를 지키는 것은 군대의 몫입니다. 정치지도자들은 안 좋은 상황속에서도 유리한 상황을 기대하지만, 군사지도자들은 유리한 상황속에서도 안 좋은 상황에 대비해야 하는 것입니다.

북한이 중·러의 지원으로 남침한 것이 6·25 다

지하철에서, 태극기 집회에 나가는 차림의 노인이 일행에게 하는 말을 들었다. "250만명의 사상자를 낸 6·25를 겪고도 무슨 종북이야?"

오늘날 이 나라를 뒤흔드는 이념적 혼돈의 솔루션은 이것이다. 저 많은 탈북민들을 보면서도, 저 친족 살해 백주 대낮 공항 패션 아닌 패륜을 보면서도, 바닷물 속에서 허우적거리는 비무장 한국민을 총쏴 죽이고 불태우는 걸 보면서도, 새 건물 남북협력사무소를 폭파시키던 잔인무도한 퍼포먼스를 보고도, 6·25를 잊고 사는 건 죄악.

ⓒ 6세 김하영

"항미원조 전쟁의 승리는 정의의 승리, 평화의 승리, 인민의 승리다. 그것은 세계평화를 지키려는 중국인들의 군은 결의를 보여준 전쟁이다"

시진핑은 6·25 70주년 기념식에서, 자기 '세(帝)'라고 맘대로 놀려 새빨간 거짓뿔(거짓말)을 했다.

진보적 경향의 경향신문조차 "중국의 참전으로 한국인들의 고통과 희생이 더 커졌다. 한반도 분단을 고착화시킨 중대 변수이기도 하다" 라고 반박했다.

"우리나라 초대 문교부장관인 안호상(1902~1999) 박사가 장관시절, 중국의 세계적 문호 임어당(林語堂, 1895~1976)을 만났을 때 여담처럼 말했죠. '중국이 한자를 만들어 놓아서 우리 한국까지 문제가 많다'고요. 그러자 임어당이 놀라면서 '그게 무슨 말이오? 한자는 당신네 동이족이 만든 문자인데 그것도 아직 모른단 말입니까?'라는 핀잔을 들었답니다(한자교육 총연합회 이사장 진태하 인제대 교수)."

중국은 역사왜곡 동북공정에다, 김치, 한복 등 문화까지도 자기네 것으로 날조하는 공산당 나라다.

만리장성은 왜 거기 금을 그었나? 그 북쪽과 동쪽의 동이족이 무서워서 쌓은 것이니, 동이족 강토는 광개토대왕 영토보다 훨씬 더 넓었던 것이다.

세상이 왜 니 맘에 들어야 하는데?

서울대 제73회 전기 학위수여식에서, 방탄소년단의 아버지 방시혁 씨가 졸업식 축사를 했다. 한 마디 한 마디 음미할수록, 분노가 치솟고, 후회와 부끄러움이 느껴지는 대단한 철학을 내포하고 있다. BTS도 훌륭하지만, BTS를 키워낸 이런 사람을 키우는 것이 무릉정신.

"적당히 일하는 '무사안일'에 분노했고, 최고의 콘텐츠를 만들어야 한다는 소명으로, 타협 없이 하루하루가 마지막인 것처럼 달려왔다" 며, *"저의 행복을 위해서, 음악 산업의 불합리·부조리에 대한 분노 때문에, 제가 할 수 있는 것들을 해 나가고 있다"*

방시혁씨는 스스로 '말'이 되어, 등에 일곱 명의 BTS를 태우고 달리면서, 제 꼬리로 제 몸에 채찍을 가해 무사안일을 탈피했다. 그는 피곤을 모르는 불사조의 날개다. 아니 그보다는 '창의의 화신'이라 해야 맞다. 어떻게 해야 한국인이 부르는 노래-율동-언동이 세계에 먹힐 수 있는지를 끊임없이 궁리하는 것 같다. 자기 일에 대해 함부로 대할 수 없는 위엄이 그 이의 생각에 있다.

자신에게 분노도 못하면서, 언제 좋은 창작품을 내 놓나? 일부 젊은이들은 왜 '열심히 일하자는 말'에 분노하지? 젊은 시절이란 경험과 가치를 쌓아나가는 시간들이어야 한다. 문화예술계 자영업자가 아니고, 월급쟁이라서? 직장에서, 연구-궁리-개척할 일이 그리 없다고? 직장에서도 "배우고 성장하여, 자아실현 하겠다"는 각오로 시간을 허투루 쓰지 않으며-일하는 방식을 개선하고-회사 수익을 높이는 방법을 고민하고 궁리하면, 얼마든지 바쁠 수 있다. 운동선수라면 얼굴에서 개기름이 배어 나오고, 몸에서 억실억실, 뿌득뿌득 근육 소리가 나야 하며, 직장인이라면 뭔가 진지하게 궁리하여 성취하는 게 있어야 아름답다.

"세상이 왜 니 맘에 들어야 해?" 세상이 얼마나 무서운데 자기 맘에 들기만 바라나? 내 행복을 위해, 나에게 분노하여, 내가 최고의 일꾼이 되게, 스스로 분노해야 한다. 뭘 한 번 이뤄보겠다는 '결기'도 없는 개인-회사-국가는 발전이 안 된다.

한일합방 조약

"제1조. 한국 전부에 관한 일체의 통치권을 완전 그리고 영구히 일본 황제폐하에게 양여한다"로 시작하는 저 한일합방 문서가 일본 외무성 금고 안에 있단다. 그게 거기 있으면, 언제 무슨 사달이 날지 걱정된다. 마치 얼마 전 미국이 100년 전 청나라 때 산 채권을 배상하라고 요구할지도 모른다는 뉴스가 돌았 듯.

박정희 대통령은 1965년 한일 국교 정상화에서, 과거 청산, 호혜 평등의 기본 관계 설정과 청구권 문제, 어업협정 문제, 60만 재일 교포 처우 문제, 문화재 반환에 주력했다. 그러나 일본은 완강했다. 무엇보다 한일합방의 국제법적 위법성을 인정하지 않았다(2019. 7. 11 조선일보 양상훈 주필).

그렇다니까! 총칼을 들이대고서, 황제의 직인도 없이 강압적으로 만든 한일합방문서가 "적법하다"고 쎄우지(우기지) 않느냐?

그런데도 우리는 지금도 친일/반일 논쟁으로 갈라져 싸우고 있어야 하는지…. 나는 일본 내각과 천황이, 우익의 심한 반대를 무마시키고, 문서가 '원천 무효'지만 그래도 그 문서를 들고 방한하여, 우리에게 반환, 한국민들 앞에서 소각하는 것이 '진정한' 한일 화해의 방법이라 생각한다. 양국에서 반대와 환영 집회가 불같이 일어날 꿈같은 얘기인데…. 그렇다면 그럴수록, 우리 대한민국은 '힘武를 강조해야 하는 이유'가 극명해진다.

국가가 굴욕을 당하지 않으려면 힘을 키우자고, 그러려면 국민화합이 우선이라고 강력히 주장하는 이유는 여기에 있다. 병자호란-임진왜란-한일합방.

큰 덕(德)

덕은 말에서부터 생겨난다

말에는 날개가 있다
말은 날개 달린 부메랑이다
멀리 날아 가버린 것 같아도
날개가 있어 반드시 돌아 온다
말은 날개 달려 날아다니는 말 페가수스다
뱉은 말 벌써 잊어버렸는데 빠르게 돌아 온다
말은 여기 기웃 저기 기웃 들렀다 온다
밉게 한 말은 독(毒)을 묻혀 오고
곱게 한 말은 덕(德)을 묻혀 온다
좋은 말만 하고 살아도 다 못하는데
나쁜 말 할 시간 어디 있더나
형제 자매, 고부 동서, 친구 친지, 상사 부하,
가까운 사이일수록 엄지척 유톱이야!
지 밥 먹고 컸다고, 힘 센 자리에 있다고,
나오는 대로 말하면 안 된다.
좋은 말로 좋은 인연 더 좋게 이어가야 한다.
말은 하는 것만 잘하면 되는 게 아니다
남의 말을 인자하게 듣는 것과 한 세트다.
함부로 무시하거나 귓전으로 들으면 안 된다.
말에는 날개가 있다.

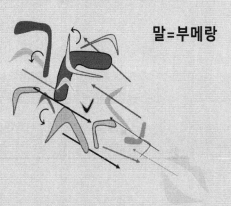

말＝부메랑

말로 덕을 쌓는다

내 상사이셨던 문영권 님의 말씀.

"사람의 마음은 순두부 같아, 말 한 마디 잘 못하면 손가락으로 순두부를 푹 찌른 것과 같다".

꾸중은 가급적 삼촌처럼 해야 한다. 남의 가슴 빠숫는(부수는) 말 함부로 하고서 후회해봤자 이미 순두부는 파괴된 상태다. 입으로 지은 업보부터 씻으라고, 절에 가면, 맨 먼저 샘 터에서 입부터 세 번 가센다(헹군다).

> 반갑게 인사하고
> 예쁘게 말하고
> 바르게 행동하고
> 새롭게 만들자

특히 남의 윗사람은 무엇보다 말로 하는 화부터 잘 다스려야 한다. 화가 치민다고 욱!하고 퉁사바리(퉁)주면, 관계가 소원해지거나 끊어진다고 봐야 한다. 이것은 부부-부자-형제-친구 누구에게도 똑같다. 누구나 가슴에 못이 박힌 말을 들은 사람은 평생토록 새록새록 그것을 기억하기 때문이다.

어려운 일을 당한 사람에게는 손을 잡고 따뜻한 위로의 말을 해 줄 수 있어야 한다. 그런 말도 잘 못한다면 세상에 왜 말이라는 게 필요하겠는가?

말은 입이 너무 싸거나(비밀도 없이 다 말해버리다), 너무 촐래도(말이 너무 많고 가리지 않는 가벼움) 안 되지만, 눈치보느라 할 말을 제 때에 못해도 안 된다.

행동의 덕

공기업 한전에서는 '부하육성'을 하지 않는 상사는 자격이 없다고 했다. 모든 지식을 '공개'하고-가르쳐주고-키워주

(X) 그 양반 꼰대!
(O) 그 양반한테 가면 큰대(大)!

는 것을 상급자의 덕목으로 생각했다.

민간기업은 공기업과는 생리적으로 좀 다른 것 같다.

어느 개인이건 리더가 되면, 조직원의 자유로운 의사소통을 막는 대책 없는 '꼰대' 소리 듣지 말고, "그 분하고 일하면 누구나 '큰대'"소리를 들어야 한다.

구성원의 개성과 역량을 잘 파악해서, 맘껏 일하도록 기를 살려줄 것은 제대로 살려주고, 절제할 것은 잘 타이르는 것이 중요하다.

친구 향(香)이 발전소 건설 감독이던 때, 야적된 자재 더미 속에서 불이 나, 다들 발만 구르며 어쩌지 못할 때, 그가 소화기를 찾아 들고, 군에서 배운 낮은 포복으로 기어 들어가 불을 끄고 나오다, 그 순간 무너지는 파이프 더미에 그만 아! 앗! 악! 허리를 다쳤다.

어떤 말로 이 의로운 행동을 칭송할 수 있을까? 말로는 부족하다. '행동'으로만 가능하다.

발전소 간호사가 지극정성 간호해서 나았으니, 그 '칭송'이다. 둘 다 의롭고 덕성스럽다. 그들은 염라대왕 앞에서, 한 번의 죄는 면제받을 덕을 쌓은 거다.

집집마다 밥상머리 교육 꼭 해야

억울하게 벌받는 친구들을 뒤로 하지 않고 그들과 같이 벌받을 용기도 있고, 전교 1등 자리를 놓쳐도 그 자리에 오른 친구를 진심으로 축하해줄 줄 알고, 불의를 보고 참지 않고 바른 말할 줄 알고, 노래를 못해도 즐겨 부를 줄 알고, 열심히

사는 부모님도 살짝 살짝 도울 줄 알고, 처지는 친구들 공부도 봐줄 줄 알고, 모든 인간은 자신만이 가진 고유한 재능을 지녔음을 새기고 살고, 지나가는 장애인에게 손을 내밀어 작은 돈이라도 부끄러워하지 않고 기부할 줄 알고, 훌륭한 사람이라기보다는 좋은 사람이 되어 이 세상에 빛나는 보석으로 모두가 빛나길 바란다.

공부만 잘하면 정말 다 되는 걸까요? 영리하게 태어난 건 감사할 일이고, 남들보다 영특하다면 그 머리로 지구와 인류를 위해 더 할 수 있는 일이 무엇인가 생각하며 살라는 말을 자주 아이들에게 한다. 아직 어린 딸에게는 Heal the world와 We are the one을 듣고 따라 부르게 돕고, 세상에 작은 힘이나마 보태 더 나은 세상을 만드는데 기여하자고 아자아자! 하곤 한다(글: 김명원).

좀 다르게도 생각할 줄 알아야 한다

생각의 유연성은 신조를 버리는 것이 아니다.
어떤 일에서건 어떤 말에서건 바른 것과 옳은 것을 찾아내고,
그른 것과 잘못된 것을 찾아내어 취할 바는 취하고, 버릴 건 버리면
된다.

"다른 사람들은 나와 다르게도 생각하는구나"라고 이해하기 어렵나?
"다르게 생각하는 방법도 있네"라고 생각하기 어렵나?
"관례니까 따라 하면 된다"는 생각도 관례니까 파격적으로 개선해야
한다.

내 생각이 굳어 있으면 남도 굳은 것으로 보인다.
생각에 유연성이 없으면 세상이 잘못된 것처럼 보인다
바른 것은 바르다 인정하고 몰랐던 건 나를 고쳐 새로 배우자
다른 것은 다르다고 해야지 틀리다고 하지 말자.

Think different.

파인
부분.

다르게도 생각하자

욕이 나올 때는 혼자 확 해버려

우리는 스포츠 중계할 때 선수들이 잘 안 풀릴 때 욕하는 걸 입 모양을 보고 다 안다. 내가 욕하는 거나 똑같으니. 세상에 욕이라는 게 없다면 사람들은 어떻게 화를 풀까? 때론 욕도 참 고마운 거다.

이 시대는 울화가 가득 찬 사회로, 서로 손가락질―흉악 범죄―고소 고발―자살도 너무 많아졌다. 정의―진실―위선―공정―과정―결과―빈부―금/흙수저 타령―부모 찬스―개혁―염치―도리―인륜―충성―돈―권력―자살―학폭―성폭력―보수/진보 씨가리(족속)들….

이럴 땐 그저 아무도 안 듣는데 가서, 목청껏 하고 싶은 욕을 실컷 토하기를 권한다.

"욕이라도 한 번 씨원~하게 깔래삐래(뱉아버려)!".

"나라가 어타(어떻게) 이래(이렇게) 조밥(풍비박산)이 됐사(됐어)? 개똥띵이(개똥 덩어리)나, 호렝이 한 아가리 물어갈 놈들이, 눈깔이 까졌는지(멀었는지) 똑바리(바로) 안 보고, 귀깔이 까졌는지(귀가 멀었는지) 진실은 안 듣고, 주딩이가 삐뚜라쟀는지(비뚤어졌는지) 거짓말로 쐬기고(속이고), 뭐 꺼줄한(남루한) 거 막 파헤채사(파헤쳐서), 이래 저래 꾸불티래 가주고는(휘어지게 만들어), 쥐깨대기도(말하기도) 세바두(자주) 쥐끼고(말하고), 꾸지지한(지저분한) 말로 남으(남을) 후디래(마구) 까고, 안주(아직)도 국민들으(을) 달부 진싱이로(거의 바보) 아는지, 껄래미(걸레) 같이 째갑시룬(가소로운) 놈들이, 머(뭐) 잘 낫다고 얌챙머리(염치) 해딱 까재가주고(발랑 까져서) 역실하는(심한 행동) 꼴 보기 시라사(싫어서) 고마(그만) 똣채삐랬다(화가 났다). 담뱃대로 등싸디게(등 판에) 누린 내가(살결 타는 냄새가) 나도록 후래(후려) 패 삐래야(버려야) 하는데, 세(혀)

가 만 발(약 15km)이 빠재(빠져) 죽을 놈들, 정딩이(똑바로) 좀 못하겠나? 나무(남의) 말으(말을) 해사(해서) 머해(뭐해). 마카(모두) 너부시(바보같이) 똑같지 머(뭐)."

나라는 하난데 국민은 둘인 나라

한 여당 대표의 "서울은 천박하다" 발언은 아파트 값 때문이지만, 여러 분야에 적용된다.

반대 파에게 엿을 보내는 건 옛 궁중의 인형에 바늘 꽂기 저주와 같고, 산 사람에게 근조화환을 보내는 건 유치하고, 상여 운반은 유치찬란하다.

발달한 IT로 악플을 심하게 달아 젊은 목숨 끊게 하고, 여론 '조성'이 아닌 '조작'에 쓴다.

언제부터 이 나라에 염치를 모르는 이가 이리 많아졌는지, 다들 마스크 써서 얼굴이 좀 가려져서 그러는지, 윤리 도덕은 제깨둔(제쳐둔) 야마리 까진(염치없는) 풍조를 걱정한다.

'국민의(of the people)—국민에 의한(by)—국민을 위한(for)'은 순수하게 국민을 위한 말이다. 그와 비슷하게, '법의 지배(Rule of the law)—법에 의한(by)—법을 위한(for)'을 만들어 봤다.

그건 실수였다. 순수하게 국민을 위한 법치를 하자고 생각했던 건데, Rule by law는 '법에 의한 지배'로, 정치적 유불리를 따져 지배하는 것'이라네(동아일보 김순덕 칼럼). 잘못하다가는 by the people도 전체 국민이 아닌, '자기 패 국민만'을 의미하게 될까 봐 걱정된다. 여/야가 각각 자기들 국민을 따로 갖고 있으니!

건망증이냐? 건방증이냐?

옳은 것이 있는 나라, 그른 것이 있는 나라,

바른 것이 있는 나라, 굽은 것이 있는 나라,

진실이 있는 나라, 거짓이 있는 나라,

예절이 있는 나라, 애버리(예절)없는 나라,

고상함이 있는 나라, 천박함이 있는 나라,

진지함이 있는 나라, 날라리가 있는 나라,

땀이 있는 나라, 짜배기(공짜)가 있는 나라,

잘한 일이 있는 나라, 잘못이 있는 나라,

어른도 있고, 아이도 있는 나라,

남자도 있고, 여자도 있는 나라가 되어야 한다.

지금 우리는 상식으로는 구별이 되는데, 정치적으로는 구별이 안 되는 이상한 나라에 살고 있다. 공자(孔子)는 동이족을 '동방예의지국'이라면서, 거기 가서 살고 싶다고 말했다. 올바른 정치(正治)도 급하지만, 예의와 수치심을 다스릴 치치(恥治), 그리고 생각을 다스릴 염치(念治)를 먼저 해야 할 것 같다.

라떼는, 라처는 극심한 먹이 경쟁 속에 살았어도, 기다림-양보-겸손-인내를 배우고 실천하며, 칭찬과 격려를 알고, 실수나 질투는 해도 저주는 안 했고, 잘못을 하면 부족함을 통절히 느껴, 닭 똥같은 눈물을 흘리며 뼈 속 깊이 반성하고 용서를 빌었다.

남의 물건 하나 쌔빌(훔칠) 생각도 안 했지만, 고재넘은 나사처럼(나사 산이 나간), 정신이 나가지도 않았다.

투표에서 몰표로 압승한 쪽이 거들먹거리지 않고, 참패한 쪽이 통절한 반성을 했다면, 또다른 몰표나 또다른 혁명은 일어나지 않았을 건데, 우리나라에서는 왜 반복되는지, 건망증에 걸린 게 아니라, '건방증'에 걸린 사람들 같다.

내 친구들의 우정

내가 살면서 겪은 우정, 내가 아는 우정을 말하고 싶다. 참고서라는 걸 사 볼 수 없었던 학생시절에, 그 귀한 참고서를 건네 주던 중학교 희근, 공전 진우. 그들은 소멕이랴 노가리 건조하랴 책이 있어도 일이 너무 많아서 공부할 시간이 없었으니 오죽하면….

배곯던 학창시절에 어머니가 하시는 식당에 자주 데려가 밥 먹여주던 석남, 군대서 휴가 나오면 듬뿍 차비를 주던 우진, 점심 굶는 건 당연하던 때에 "배 아프다" 핑계대며 도시락을 밀어주던 향, 마음도 거시기도 다 드러내고 얘기하던 정기, 영기, 군대에서 도와주기 꺼려질 일에 팔 걷고 나서주던 병장 고영명, 교대근무할 때 오후 근무하고 나오면 일잔하던 한전 계장시절의 상용, 글을 솔직하게 비평해주는 허공, 소담, 궁촌….

친구는 "있을 때 잘 해"라는 말도 중요하지만, 사실은 '없을 때' 더 잘해야 한다는 걸 배울 수 있었다. 그런 의미에서 나는 인격 수련을 많이 해야 한다.

잠이 많은 내가 한전 초급간부시험 준비를 하면서 자꾸 꾸벅꾸벅 존다고, 삼척에서 강릉까지 일부러 찾아 와, 안 졸리는 약을 사다 멕이면서 공부하도록 혹사시킨 향을 생각하면, 난 어떤 친구인지 모르겠다. 힘든 사람들이 어떻게 마음을 나누고, 힘들 때 어떻게 곁에서 위로 하는지, 그 아름다운 우정과 마음 씀씀이를 배워야 할 게 많다.

우정

어느 구석이건
가슴이 빌 때마다
스르르 밀려와 가득 채워지는
물

하늘의 뜻으로 만나고
땅의 가꿈으로 합하여
합창으로 흐르는
내

물결은 겉에서 일 뿐
바람은 한 귀퉁이 스치고 지난다
하 깊어 바꿈이 없고
가없이 넓어 하나이며
무어든 품는 뜨거운 가슴의
바다

태안 가로림만에 사는 거대한 '우정 인삼'.
출전: Daum지도. 심마니: 김수형

내가 겪은 것만 그러한데, 다른 친구들의 세상에도 얼마나 찐한 우정이 많겠는가! 그런 모든 나의 소중한 친구들에게 존경의 시 한 수 정중히 올린다.

마음이 따뜻해야 한다

4·15 총선 후 "우파가 비주류로 밀려난 것"이라는 말엔 동의하기 어렵다. 시어머니가 며느리에게 곳간 열쇠 넘겨주기를 주저하는 고약한 심뽀가 아니다.

정권을 잡았다고, 나라가 다 지꺼처럼, "잰는(진) 사람은 속히 속

히 나가 주세요"라며 놀이하던 옛날 지비바(계집애)들 고무줄 노래처럼, 싹쓸이 분위기가 하 살벌해서 그런다. 그런 쪼로 말하면 누구라도 섭하지.

여·야 불문, 선거의 압도적 패배는 약한 사람들과 젊은이들에게 희망을 못 주는 것이 원인.

예로 미화원 아주머니들과 아저씨들은 식사 때 어떤 환경에서 어떻게 밥을 먹고, 휴식시간에 어떻게 쉬는지 관심을 가져 봤는가? 공사판 '노가다'로 불리는 사람들, 외국인 근로자들, 그들이 없으면 어타(어떻게) 멋진 사무실을 누리나?

225

직업에 귀천이 없다면서도, 진짜로 그리 생각하는 사람은 적다. 그러니 대학을 나와야 하고—그러니 3D 일은 안 하고—그러니 후진국 사람이 해줘야 하고—자신은 '소고기 뭉텅 썰어 넣은' 짜빠구리 먹는 신분이 되었다.

기능직을 업신여기지 않는 선진국이 탄탄한 중소기업을 바탕으로 산업 번성을 누린다.

양반은 군대에 안 간 조선이나, 국방을 용병에 맡긴 로마가 망한 예에서도, '몸으로 때우는 일일수록' 그 중요성을 더 깊이 인식해야 하는 것이 국가 존립의 필수라는 것을 알 수 있다.

기술과 능력을 소중하게 여기는 순간, 스펙 쌓기도, 직업의 귀천도 없어진다.

그 순간, '토끼와 거북의 경주' 같은 우스꽝스런 교훈은 사라진다.

사람들에게 가슴 벅찬 희망을 제시하지는 못하더라도, 건전한 희망을 제시해야 한다. 약자, 꿈 접은 젊은이들에 대한 '배려'는, 따뜻한 마음과 비전을 가진 사람들만이 할 수 있다.

화합의 목적은 버무림이지 얼버무림이 아니다

'화이부동(和而不同)'은 공자님 주장. 남과 잘 지내면서도 남과 같지 않은 나를 지킨다. 즉, 소신과 원칙을 잃지 않는 일이다. 거꾸로, 소신과 원칙을 지키면서 남과 잘 지낸다는 말.

'Tolerance'는 '관용'이라 해석하는 말로, 남과 서로 다른 점은 인정하고, 이견이 있으면 논쟁을 하더라도 토론해서 함께 종전보다 나은 결론에 도달한다는 말.

'산호벽수(珊瑚碧樹)'는 수중 보물인 산호와 지상의 아름다운 나무의 가지처럼 번성하고, 서로가 잘 어울린다는 의미.

　'화쟁사상(和諍思想)'은 원효대사가 정리한 용어로, 이견과 논리가 분분한 주장에 대해 '미리' 토론을 해서 쌍방이 정확하게 파악하고 이해하여, 쟁론을 없앤 통일된 논리를 준비하는 일.

　'난봉화명(鸞鳳和鳴)'은 특징이 다른 것들이 모여 잘 지내는 것은 물론이지만, 그에서 그치지 않고, 새로운 화음을 창조해 내는 일.

　누이 좋고 매부 좋게, 술 한잔하고서, 그냥 얼버무리고 덮어 버리는 건 화합이 아니다. 그런다고 지역주의와 좌/우 대치가 풀리지 않는다. '마음 아픈 과정을 거치더라도', 결국 국민화합이라는 버무린 비빔밥을 만들기 위해, 욕먹을 각오하고, 진실-이해-공동의 번영 목표를 추진해야 한다. 국민에게 양보도 희생도 요구해야 한다. 국민들도 닫힌-갇힌-잠긴 마음과-귀와-정신을 열어야 한다. 자기 생각에만 굳어 있으면 화합 안 된다.

꾀 략(略)

야망을 품을 여지도 없던 시절

개인의 인생전략 이야기. 내가 성장하고-취업하고-가정을 꾸리고-은퇴하고-노후를 보내는 과정을 돌아보면 한심한 일들도 많았다.

초등학교 때 꿈은 과학자도 되고 싶고, 문학가도 되고 싶었지만, 상급학교는 적성과 선택의 여지 없이 학비 적은 국립 공전에 갈 수밖에

Boys be MBtious!
소년이여 MB같아라

없었다. 소년이여 야망(ambition)을 가져라? 내겐 그림의 떡!

그러니 청년이 되어서도 별다른 목표 없이 세월에 나를 맡겨 흘렸고, 모든 건 운명-시류-감정에 기양(그냥) 들래놨다(드러내 맡겼다). 공전 4학년 때 초대 기계학회장에 당선됐는데, 한 일도 할 일도 없어 중도에 그만 둔 무책임한 짓을 했다. 출마는 왜 했던 건지 반성한다.

금수저 흙수저 타령도 내겐 다 웃기는 소리다. 난 무(無)수저다. 결

혼 때 숟가락 한 자루 물려받지 못했어도 누굴 원망하지 않았다. 내가 돈을 못 벌었나? 내 욕심 채우려면 MB처럼 '야망'을 가지고 고학이라도 했겠지만, 그 생각조차 못 할 정도였으니, 오죽하면 고학하는 사람이 부러웠을까! 그러니, 한 마디 궁시렁거림도 없이, 일만 열심히 했다. 가족을 먹여 살리는 직장에 대한 고마움이 컸지. 대신 처자식들에게 조곤조곤 얘기하며 의논하며 살지 못한 어리석은 아빠였다. '내 존재 자체가 그들의 품'이 될 것으로 생각했고, 나 혼자 모든 걸 알아서 했던 것처럼, 각자 알아서 성장하길 바랬는데, 이제 '두 번째 아빠' 처지가 된 것이다.

인생은 상선약수(上善若水), 물흐르 듯 사는 게 좋다고 하나, 학벌이건—재물이건—권좌든—예술이건—그 어떤 것이라도, 적어도 포부 달성을 위한 '청운의 꿈'도 꾸지 않고, 무엇보다 '피나는 노력'을 할 용기도 없고, 철저한 계획도 안 짜고, 세월에 나를 맡겼으니, 내겐 '개인 전략'이라는 게 없었다. 하긴, 나처럼 이런 생각조차 못해 본, 더 힘들게 산 사람들에게는 미안하지만.

文과 武의 결합은 빛날 빈(斌)

세종대왕께서 명나라 견제와 신하들의 극력반대에도 불구하고 훈민정음을 만드신 것은 힘(武)있는 나라를 만들려는 충정과 백성을 사랑하는 덕(德)이며, 강대한 나라를 만들려는 략(略)이었다.

충무공께서 수군을 키운 것은 武이며, 원균의 수군 궤멸을 보고도 군대 때려치우지 않고 백의종군한 것은 德이고, 남은 열두 척으로도 승전한 것은 略이었다.

이순신을 발굴한 서애 유성용, 참형의 위기에서 구한 오리 이원익의 文과 이순신의 武가 합친 결과는 빛날 빈(斌)이다. 무-덕-략을 합친 것이 '빛나는' 것이다.

문무의 멍석과 춤

전문성을 빙자로 문무를 너무 편갈라 놓지 마라. 편의상 가르더라도 문무가 서로 어우러져 기회-과정-결과가 빛나게 조율해야 한다.

文은 탁월한 기획을 잘하니 그것이 略이다. 武는 기회가 왔을 때 턱 낚아채서 한 탕 털 기술을 지녀야 한다.

文은 武가 한 판 멋들어지게 놀도록 멍석을 펴주면 아주 좋다. 文이 武를 '위해서' 배려하지 않고, '위에서' 군림하면 같이 망한다. 文의 略과 武의 術이 한바탕 멋진 춤판을 벌이게 만들어야 빛날 빈(斌)이 된다.

충무공 장계 ©소담 임광진 서

'국가패망전략'은 누구도 안 쓰지만

드라마는 드라마일 뿐이지만, 중국드라마를 보면 전국시대 많은 나라들이 어떻게 망했는지 잘 배울 수 있다.

나는 특히 韓나라와 훗날의 宋나라를 눈 여겨 봤다.

韓나라는 한국을 상징하는 韓자를 쓰니 더 관심이

명랑유머
통찰의 반대말은?

정답
깡통찰

컸고, 특히 이 글에서 핵심적인 장량 선생 출신국이요, 선생의 조부와 부친이 재상으로 일한 나라라서 더 유심히 봤더니, 대단한 교훈 (Lessons Learned)을 남기고 패망했다. 나라는 작고 약했지만, 발달한 문화를 바탕으로 잘 버티던 중에, '신불해'라는 재상이 등용되면서 한 15년간 더 번성하기는 한다. 그런데 그가 법도에 따라 상벌을 주는 일을 '지나치게' 엄격하여, 임금마저 그 법도를 철저히 적용하니, 내시들까지도 충성보다는 눈치를 먼저 보고, 서로 의심하고, 그러니 대의는 사라지고, 권모술수가 난무, 동맹국에도 도움이 아닌 해가 되는 일을 하도록 부추겼다. '지나치게 법도에 따라 일하는 풍조'가 15년 만에 한 나라 韓을 패망시킨 것이 교훈이다.

송(宋)나라 패망은, 법도에 얽매여 실용을 간과한 것이 원인, 산업혁명 500년 전에 이미 영국보다 더 잘 살 았는데, 100만 정병을 가지고도 숫자가 적은 몽골과 결기로 싸울 생각은 않고, 돈으로 평화를 구걸하

다 패망했다(중앙일보).

　당시 성행한 도(道)에 무(武)가 눌려 武답지 못하고, 道가 너무 득세한 때문이다. 韓나라와 비슷하다. 만사가 법도 위주니, 국가의 존속을 위한 '실용성과 통찰력'이 부족했다. 말하자면, 군 출신을 국방장관에 앉히면 황권이 위태롭다고 문관을 보임시키니, 국가안위보다 황권을 먼저 걱정한 나라가 안 망할 수 없음을 보여주었다.

'70노인' 옛 말이지

　'노인이 국력'이라 말할 날이 온다. 인간에게는 기본 5감과 여섯 번째 육감(肉感) 말고도, 제7의 '영감'이 있다. 이제 100세 시대니 노인들은 계속 정진하고 힘을 길러야 한다.

> **영감(令監)?**
> **Young感 !**

　친구 향(香)은 발전소 엔지니어 외에도 30여 간 한라산을 촬영하는 사진작가요, 수필가다. 특히 한라산에 520여 회 오르면서, 멋진 풍경을 촬영해 홈페이지에서 다 보여준다.

　그는 "산에 올 때마다 더 좋은 사진을 찍는다"고 말한다. 그의 정강이와 얼굴은 상처와 동상 자국이 선연하고, 그가 경험한 일들은 하나같이 스토리다.

　친구 소담은 원자력 발전소 엔지니어 외에도 20여 년 서예를 연마하는 서예가. 국전에 수 차례 입상했으니 그만하면 후진들을 가르칠 만 한데도, 지금도 수업료를 내며 글씨공부를 하고, 매일 몇 시간씩 연습을 게을리 하지 않는다. 붓을 세게 눌러 쥐는 오른손 엄지는 무너질 지경이라 늘 반창고 신세다. 그 상처와 정진이 한라산과 한글을 더욱 아름답게 보여준다.

많은 친구들이 현역 때 좋은 일을 했다. 노인 결정지능(結晶知能, Crystalized Intelligence)을 잃지 말고, 후배들과 교감하며 노숙한 재능을 나누면 좋겠다. 이것이 '노인이 국력'이다.

내 근무했던 모 회사 사가에 "우리는 쉬지 않는다"는 구절이 있다. 원래는 열심히 일하자는 뜻이나, 나는 어느 강의 때 "음식 상하 듯 쉬면 안 된다"는 의미로 풀이하여 웃긴 적이 있다. 그런다고 늙어서도 계속 일을 해야 한다는 말은 아니다. 한 번 가진 생각은 바꿀 줄 모르는 첨자구(첨지)되지 말고, 작은 일에도 시쭉빼쭉(이랬다 저랬다) 찔쭉하니(마음 좁게) 토라지는 외통배기(답답한) 영감(슈監)되지 말고, 자기주장 너무 쎄우지(고집하지) 말고, 강연회, 독서 등으로 새 것도 배우고, 횡하니 여행도 댕기고(다니고), 젊은 감각 즉 영감(Young Sense)을 갖도록 노력해야 "늙는 게 아니라, 포도주처럼 익는다"고 말한다.

"너희가 권력을 알아?"

1867년, 에도 막부가 '反막부 사쓰마-조슈-도사번' 세력이 가진 통치권을 받아 메이지 천황에게 돌려준 대정봉환(大政奉還)을 그리고 1869년에는 판적봉환(版籍奉還)을 했다.

권력을 거머쥔 막부 사무라이가 천황에게 정권을 돌려준 이유는 서구 열강의 도전에 직면한 일본의 국력이 너무나 미약하다는 위기의식과

강력한 정부와 단합된 국가가 필요하다는 문제의식 때문이었다(함재봉 한국인 만들기).

매우 발달한 서구 문물이 무섭다는 경험을 직접 겪고 나서, 일본은

시비 많은 12.12사태 날
2020.12.12
공수래---빈 수레를 이끌었지만
공수거---아무 것도 거두지 못하고
공수처---빈 손되어 갈 데가 없네

수준 높은 과학과 힘武를 연마하여 성과를 이루고 있었는데, 사무라이는 전문 정치인에게 국정을 위임했다. 스스로 전권을 양도한 이 결정은, 타의로 권력을 뺏기는 것과는 다른, 내가 가진 모든 것을 대역(代役)에게 다~ 넘긴, '처절한 아름다움'이었다.

누구든-내 모든 것-거머쥔 권력과 재산-마누라와 자식까지도 어떤 대역에게 넘기는 일을 상상이라도 해 볼 수 있겠는가? 그런데 사무라이는 그것을 했다.

사무라이도 아닌 우리가, 선뜻 내 것을 못 내놓겠거든, 딴 사람이 내 대역이 되는 경우를 상정해서, 그 대역이 나보다 '뭘' 더 잘할 것 같은지, 그 분야를 지금보다 더 잘 하도록 노력하면 된다. 이건, 일을 더 잘하고 싶은 사람에게는, 그리고 남의 리더인 사람들에게는, '내 것에 대한 나의 최소한의 사랑이요, 예의'다.

임란 후, 공수래 공수거인가? 권력무상인가? 세상을 흔들 파워를 가진 사명대사가 조용히 산으로 돌아간 것을, 김용옥 교수는 "나라를 개혁했어야지"라는 조로 평가했다.

략(略)은 등소평

너무 많이 가지고도 잘 쓸 줄 몰라 타락하거나, '사람 어타 보고' 함부로 대하다가 세상이 다 열 받게 만들고, 반대로, 없는 사람이 제 능력 탓은 하지 않고, 기업이나 국가는 구성원이 자기 잇속 챙기다가 목표한 바를 제대로 이루지 못한다.

> **연개소문 아들들들
> 약(略)지 못해서
> 고구려는 망했다**

이에 사람들이 바른 전략을 세워 남에게 이용당하지 않게 하고, 단결하여 힘을 기르고, 내부에서 서로 총질하지 않고 덕을 베푸는 것이 화안정신과 무릉정신의 합이다.

사람은 누구에게나 좋은 점과 나쁜 점이 있다. 그렇게 생각하는 것이 덕(德)이다. 개인이 신념처럼 믿는 진보나 보수. 사안에 따라 한 번쯤은 "이건 아니다"라며 생각을 뒤집어 볼 수 있어야 한다. 바른 것과 옳은 것을 판단하지 못하고, 변할 수도 없다면, 심하게 말해서 인공지능(AI)보다 못한 로봇 인간에 불과하다. 중국 등소평도 과7-공3처럼 평가하면서, 만물과 만인으로부터 배울 것은 확실하게 배우지 않았던가? 그게 약은 사람 아닌가?

고구려가 망할 때, 연개소문 아들 셋이 권력 다툼은 하더라도 나라가 망하게까지는 하지 말았어야 했는데, 각자가 다 가지려다 그만, 아무도, 아무것도 갖지 못했다. 이것은 형제의 도리 德을 모르고, 나라의 힘 武를 약화시킨 결과로, 국가 존속이라는 꾀略이 없었던 대목이다. 중국 동북쪽의 광활한 동이족 영역이 확 쫄아든 사건이었다. 혹시, 이 말이 "고구려나 백제가 삼국을 통일했어야 한다"는 논리로 비약되지는 않기 바란다. 게다가 지금 중국은 동북공정으로 우리의 역사를 왜곡하는 못된 짓을 저지르고 있다. 무–덕–략 철학이 절실히 필요하다.

한국은 일본에게 기품을 잃지 않아야

일본사람들이 서구 선진 문물을 빨리 배우고, 정한론(征韓論)이 나오고, 대정봉환이 이뤄지던 그 때, 조선은 인구의 40% 넘게 '동족 노비'–인구 70% '상놈'–매관매직이 횡행하고–식자와 기득권 세력은 '누림'을 유지하고–위정척사(衛正斥邪)하다가 식민지가 되었다.

"일본은 조선민에게 총과 대포보다 무서운 식민 교육을 심어 놓았다. 결국은 서로 이간질하며 노예적 삶을 살 것이다".

조선 마지막 총독 아베 노부유키는 한민족을 얼마나 얕잡아 봤으면 패하고 가는 순간에도 저런 말을 할 수 있었을까! 그런데 그 교육 효과가 혹시 지금 나타나고 있는 건가? 예언대로 그는 돌아오는가?

'알라 보지에 붙은 밥풀 떼먹는 것처럼(인정사정 없이)' 이 강토를 훑어간 자가 전범 당사국이니, 일본을 동서로 갈랐어야 정당한데, 미국에 무슨 알랑방구를 꿰서(요사를 떨어), 억울하게도 식민지배를 받던 조선은 갈라놓고, 일본은 국가보전책략이 승리하여 부(富)를 누리는가?

그 때 일본은 략(略)아서 천지를 분간했고, 우린 못했다 쳐도, 지금 우리는 분간하는가? 우린 위안부 문제 등으로 분열되어 정말로 주럽시럽다(구차하다).

우리가 누구인가? 우리는 고구려 담징의 법륭사 벽화, 백제 왕인 박사의 한자 전수, 신라 도자기와 우수한 문화를 가르쳐 준 스승의 나라요, 일본국의 기틀을 만든 백제 핏줄이니, 우월성을 '기품있게' 지켜야 한다. 반일 감정만 높이지 말고, 차분히 국력을 키워야 한다.

예전 일본에서는, 좋은 물건은 구다라(백제くだら), 하쿠라이(박래舶來はくらい)라 해서, 조선통신사 때 가져간 물건이나, 배타고 건너온 조선 물건을 명품으로 애호했다.

일본과는 잘 지내자. 넬슨 만델라의 "용서하라. 잊지는 말고 (Forgive without forgetting)."

친일파니 아니니—현충원 무덤 파뒹기기 논쟁—친일 심판은, 지금의 누구도 아닌, 그 때 목숨 바쳐 독립운동하신 선열들 만이 하실 수 있다.

가로 세로 간선부터 만들고 나서

작년에 강원도와 경북 동해안 연결 철도 건설 얘기가 뉴스를 탔다. 교통망이 매우 발달한 지금도 이 철도는, 실제로는 몇 년이나 더 있어야 완성될지 모른다. 그 동안 '국토균형발전'이라는, 이름만 그럴싸했지 인구 적고 정치 입김 약한 이곳 개발은 늘 후순위로 밀렸다. '영남 대접론'에, "호남 푸대접론"이 반발했고, "충청 무대접론"이 가세, 그렇게 '의도'가 깔려 개발되어 왔다. 인구수나 지리적 여건을 생각하면

237

일리가 있기도 하나, '영주—봉화—울진'과, '제천—영월—태백—삼척'의 동서 간선, 그리고, 근덕—포항의동해안 남북 간선은 아직 고속도로가 없어, 해당 지자체만 발동동거린다.

국가 인프라 구축은, 한전이 공기업으로서 일찍이 도서—산간지방을 포함한 전 국토에 '농어촌 전화(電化)사업'을 성공시킨 '공익사업 정신'과 성과를 잘 배워야 한다. 경제성? 한전이 그것만 따졌으면 섬과 산간지방에는 아직도 전기가 안 들어가야 맞지. 지금은 경제성보다 중한 것이 '환경'과 '인프라'다. 무슨 '대접' 타령 못하는 태백산맥 넘어 동해안 가는 길은, '경제성을 뛰어 넘는 개념' 즉, '국가 물류 간선 인프라 차원'에서 집행해야 한다.

그런데 느닷없이 가덕도 국제공항같은 '정치 억지'는 가슴을 답답하게 만든다.

혁명을 몇 차례나 일으킨 한국 정치는 좀 나아져야지, 맨날 패와 표 때문에 '그 식이 장식'이니 안 된다. 수십년 동안 정치적으로 했으면, 이제는 간선부터 건설하는 게 개혁이요 진보다.

강원 남부와 경북 북부에서 서쪽으로 가는 고속도로와, 동해안 남북 관통 도로는 그 쪽 사람들 만을 위한 것인가? 그 쪽은 인구도 적은데도 왜 주말—연휴—명절이면 미어 터지는가?

그 고속도로 정체 짜증과 경제 손실은 동해안 주민들이 당하는 게 아니잖은가?

K-culture는 따뜻하고 윤리적이어야

중학교 1학년에 나오는 영어 단어 섞어 노래하는 가수들을 우습게

봤는데, 그게 k-pop이 되더군. BTS의 빌보드 싱글 1위, 아카데미상 4개 수상 영화 기생충, 싸이의 강남스타일 노래 등이 한류문화를 세계에 알리고 있어, 앞으로 어떤 일을 더 벌일지 기대가 크다.

paraglide를 타고 아카데미 시상식장에 내려 앉은 네 마리 parasite

한류문화에는 가치 사슬, 연관산업들이 동반성장하도록 바람-영양-햇빛을 많이 주어야 할 것이다.

문화-예술-문학-체육 등은 인류 문화에 '건전하게' 기여해야 한다. 사람의 마음을 어루만져주는 온화함, 용기와 영감을 주는 희망, 인간미와 어울림의 아름다움, 한국 전통윤리적 가치가 예술로 전이되어, 이 각박한 세상을 따뜻하게 만들어야 한다. 요즘 영화에 "X새끼" 소리 너무 많이 듣고, 괴물 영화건 복수극이건, 잔인하게 살인하지 않는 영화 드물다. 그런 거 없으면 영화도 아닌 것 같은 생각에 인이 백인 건가? 자꾸 보면 폭력물은 니 맛도 내 맛도 없다(아무 맛이 없다).

'밝은 면'으로 세상을 밝게 만들면 좋다. 경박하고 저속한 것이 k-culture로 무분별하게 자리잡으면 오래 못 간다.

정의롭고, 푸근하며, 윤리적인 컨텐츠로 세상 사람들의 행복을 위하는 진지한 태도를 보여주면, '코리아 사랑' 팬덤이 자연적으로 형성되고 인기도 오래 지속될 것이다.

'잘 돌아가는 세상'을 만들어야

연애-사랑-결혼도 못하고, 아이도 못 낳는젊은이들의 관심은 '먹고 사는 문제'에 있다. 젊은이들에겐 삶이 '공포'다. 연애 수당을 주자는 사람의 주장이 유치하지 않고, 가슴을 찌른다. 그들은 남이 아닌 우리 아이들이다. 세상

다함께

to get her

은 부잣집 아이, 머리 좋은 아이만 사는 게 아니다. 세상은 시험 잘 치는-장사 잘하는-육체노동 잘하는-많이 못 배운 이들이 선순환으로 고르게 수입을 높이는 '잘 돌아가는 세상'이 되어야 하는데, 기업부터 옥죄어 악순환이 벌어졌다.

'젊세포'가 젊은 세대 포기가 아닌, 젊은 세대 포부가 되게 바꿔야 한다.

자유민주국가에서-할부로 집 값 갚고-약자가 외롭지 않고-의롭고 바른 말 할 수 있고-세계적 상품 개발과-땀흘린 대가가 존중받는….

염라대왕께서, "이 봐. 순진한 수형. 그런 세상 있으면 내가 가서 살겠다"고 말씀하실 만한 일을 이루려 애쓰는 정당에게 'wind of hope(희망의 바람)'는 세차게 불어줄 것이다. 일을 더 잘할 후보를 뽑는 게 아니라, 일을 덜 못할 후보를 뽑아야 하는 현실이 밉다.

다 아는 문제도 못 푸나?

몇 달 전 내가 골목을 가는데, 평소 못 보던 간판이 새로 붙어 있어, 지나쳐 오다 다시 돌아 보는데, 갑자기 "야 이 개새X야, 왜 쳐다봐!"라는 욕설이 들렸다. 시커먼 오토바이에 시커먼 헬멧을 쓴 녀석이, 욕을 하며-내 앞을 휙 지나며-일수 돈 명함을 뿌리며-한 번 더 욕하고 지날 때에야 그게 내게 한 욕인 걸 알아차렸다. 아마도, 내가 간판을 바라

2021 서울시장 보선과 서울시 지도

보는 것을, '자기 직업을 경멸하여 바라본 걸로' 오해한 것 같다. 화난 젊은이에겐 노소 구별 없이, 욕과 완력으로 쳐부술 적만 보이는 것 같다.

'불만과 욕심에 가득 차, 풍선화전(풍선火前. 아재 재치. 불에 닿아 터지기 직전의 풍선)같은 사회 분위기'를 걱정한다.

우리에게는 몇 가지 문제들이 가치 사슬(Value chain)로 엮여 있다. 이 때 쾌도난마. 급소를 탁 잘라버리면 문제가 풀릴 텐데….

경기 침체(반기업 정서-규제 장벽-강성노조-공장해외이전-최저임금-주52시간-실업자 과다-공시생 과다-유행병)

출세 주의(스펙 중시-고졸 기능직 경시-3D업무 기피-외국인 근로자 조선족-전관예우)

삶의 고통(집 값−세금−상대 빈곤−비혼−출산률−자살률−입양아 수출−노인
빈곤)

사회 안전(화재 폭발−교통정체−떼 법−공권력−공수처법−악플−펀드사기−대
규모 유행병)

내부 갈등(양극화−지역주의−주사파−4.3 5.16 5·18 세월호−전교조−탄핵−귀족
노조)

외부 갈등(종북−이데올로기−국방−외교−진영 논리−친일·친중·친미−해외투
자−탄소중립)

성장 개발(전문가−기초기술−첨단기술−노동 개혁−중소기업−탈원전−의약
품−고령화)

인성 요인(도덕−공공질서−인생철학−성폭력−경험 경륜−분석 전망−통찰력−
리더십)

구들장군 노릇 하지 말자

[간도(間島)에 관한 청일 협약]
1909년 9월 4일 일본과 청국이 간
도에 관해 체결한 협약.
대한제국은 1903년에 이범윤을 간
도관리사로 임명하는 한편, 서울
주재 청국 공사에게 간도의 소유

음모는 음모(陰毛)처럼 음침한 곳에서 자란다

권을 주장하였다. 1905년 러일전쟁에 승리한 일본은 대한제국 정부에 '을사보
호조약'을 강제하고, 통감부는 간도 지역에 통감부 출장소를 두어 그곳을 대한
제국의 영토로 인정하고 있었던 셈이다. 그러던 일본은 1909년 9월 4일 남만주

의 철도 부설권 등을 얻는 댓가로 간도 지역을 청국 측에 넘겨주었다. 이 간도 협약은 대한제국 정부의 의사와는 관계없이 일본이 불법적으로 간도를 청국에 넘겨준 조치였다(한국민족문화대백과사전).

[가쓰라-태프트 밀약]

1905년 6월 러일강화회의가 열리게 되자, 그해 7월 루스벨트 대통령의 직접 지시를 받은 태프트는 일본에서 가쓰라와 회담하여, 미국의 필리핀 지배와 일본의 조선 지배를 상호 교환조건으로 승인하였다. 미국은 일본이 한국에서 보호권을 확립하는 것이 러일전쟁의 논리적 귀결이며, 극동의 평화에 직접적으로 공헌할 것으로 인정한다고 밝혔다.

일본은 같은 해 8월에 제2차 영일 동맹, 9월에 포츠담 조약을 체결함으로써 한국에 대한 국제적 지배권을 획득하였다. 이를 바탕으로 일본은 조선에 대해 을사 늑약을 강요했으며, 미국은 이를 적극 지지했다. 이 협정의 내용은 1924년까지 양국이 극비에 붙였기 때문에 세상에 알려지지 않았다(다음 백과).

무기 판매-곡물 판매-에너지 판매-이념 투쟁-패권 다툼-기술전쟁 등으로, 지금 이 우단우단한(위태로운) 이 시각에도 어디서 어떤 큰 손들이, 어떤 나라가 어떤 음모로 우리에게 어떤 못된 짓을 꾸미고 있는지 모른다. 외교다. 이래도 약(略 strategy)지 못하고, 두 패로 갈라져, 짓이나서(의기양양해서) 캘렐래(헬렐래) 하겠는가?

무릉도원에 살리라

4·19~5·16 혁명을 겪으니, 시비가 너무 많은데, 이제 맨손도-군대

도 필요 없이, 세상과 삶을 좋게 만들 '9·12혁명'을 제안한다.

5·16이 이 나라를 부흥시켰고 민주화를 싹트게 만들었으니, 이를 전후-좌우-상하로, 뒤집어 보면 9·12가 된다. 그래서 다시 한 번 더 일어나자고, 무혈-무음-무파의 선진국 되기 혁명을 하자고, 9·12를 제안한다.

두 쪽 난 국토에서 안에서 치고 받는 나라를 통합시켜 치유하고, '홍익인간'의 정신을 빛낼 혁명과업 9·12다. 개인이 모두 혼자, 조용히 자신을 쿠데타하면 좋겠다.

혁명 찬가

도덕으로 무장할 윤리 혁명,
아둔하지 않을 자강 혁명,
분파를 초월할 통합 혁명,
자유민주를 수호할 의식 혁명,
나라를 부강하게 할 산업 혁명,
위선을 떨지 않을 정의 혁명,
세상을 이롭게 할 기술 혁명,
삶을 편안하게 할 안전 혁명,
민족 갈등을 없앨 평화 혁명을 합시다 쿠데타 합시다
그리하여, 더 이상 혁명을 할 이유가 없게 만듭시다

무릉도원으로(路)

[무릉도원으로]를 걸으며

[무릉도원으로]를 걷는다. '로'는 길路 자다. 무릉동–초당–심방리–하맹방–덕산–(남애포–부남나리)–교가리 도원동–무릉동을 이해하는 탐방 코스다.

관람자들이 원하는 대로, 일부 장소는 방문하지 않거나, 다른 명소가 추가된다.

2시간 정도 무릉도원재 내부를 돌아보고, 약 30분간 농악 놀이에 같이 흥겹게 즐기다가, 차량으로 '무릉동천 쉼터'에 들른 다음, 초당굴에 도착한다.

천연 동굴 대자연의 위대함을 본다. 국내 유일의 민물 김도 구경하고, 소한연도 찾아 보며, 유서 깊은 심방리 최수 선생 묘소를 거친다.

대사헌이라는 높은 관직을 거절하면서 신하의 도리인 충절을 지키신 최수 선생과, 그를 칭송하는 훌륭한 시를 남겨주신 최종원 선비를 생각하고, 이윽고 하맹방 교수당에 들른다.

남양 홍씨 홍준(洪濬) 선생이, 고려 말과 조선 초의 사직이 바뀌는 대혼란을 등지고, 이곳에 내려와 살면서 조용히 후학을 가르친 건물이 교수당. 주변에 우거진 송림을 걸으며, 왕조가 바뀔 만큼 부패로 가득했던 고려 말 인사가, 유교의 새 시대 조선을 여는 시국을 대하는 심정이 어떠했을까 생각한다.

이어, '매향' 자리는 지금은 정확히 모르지만, 연봉정 마을에서 선조들이 향나무를 땅에 파묻으시던 애민, 애국의 '매향정신'을 되새기고, 드넓은 맹방해수욕장 모래불에서 파도를 잠재우는 '포용정신'을 생각하고, 드디어 근덕의 상징 덕봉산에 오른다.

근덕면과 원덕읍에서 소중한 가치관으로 삼는 德의 근원 덕봉산에서 근덕 풍광을 즐기며, 전설도 얘기하고, 정상에서 최종원 선생의 덕봉산 예찬 시를 낭송한다.

"오늘날 우리는 왜 도덕을 찾아야 하나?" 그것을 생각하는 시간이다.

덕봉산에서 내려, 덕산 해수욕장으로 해서, 남애포에서 바브 씨깨사(밥을 주문해서) 점심식사, ('앞으로 생길지 모를' 나릿부남 바닷가 카페에서 차 한잔하고), 교가리 '느티나무 광장'(실상 또는 가상)에 도착.

여기서 느티나무의 역사, 석고가 설명을 듣고, 교가리 작명 경위와 '교가 마음'을 이해한다. 석고의 이력부터, 석고가를 지은 당나라 한유 시인을 기린다.

이어 근덕초등학교 자리에 있는 '산호벽수관'으로 옮겨, 옛 도로−정보−통신 시설을 실상 또는 가상으로 구경하고, 화랑도 이사부 이야기를 하면서, '산호벽수 정신'을 이해한 후, 관덕정에 올라 근덕면 소재지의 사방을 둘러본다.

남대천−무릉천−소한천의 합류를 살핀 다음, 동쪽 수양산을 바라보면서, 역시 최종원 시인의 '수양산' 시를 낭송한다.

이에 3,000년을 거슬러 올라가 백이와 숙제 두 왕자, 그리고 600년 전 최수 선생의 이야기를 나누면서 그 분들의 심정이 되어 본다.

"오늘날 우리는 왜 충절을 찾아야 하나?" 그것을 생각하는 시간을 갖는다.

이어 도원동에 가서 〈도화원기〉를 논하면서, 이상향이라는 것에 대해 생각하고 돌아온다. 이렇게 해서 지금까지 일반에 잘 알려지지 못한 근덕의 대자연을 즐기고, 인생살이에 가치가 큰 武−德−略을 공부하며, 새 희망을 다지는 탐방길 [무릉도원으로]를 즐겁고 보람차게 걷는다.

이런 가운데 덕을 가까이 하는 근덕은 점차 내외국인들의 작은 '마음 쉼 터'가 되어 간다. 이미 덕산 마을은 관광객 편의시설을 확충하려 하고, 이미 나릿부남 마을 입구에 미술관도 생겼고, 삼척시에서 근덕 원전 부지였던 곳에 '힐링 타운'을 조성한다 하니, 당연히 기대가 크다.

맺으면서

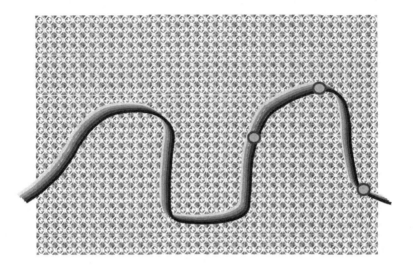

5000년 역사상 가장 성공한 인물 장량

무릉도원재는 무릉정신을 드높이니, 결국 장량 선생도 기린다. "한국에서 장량을 기리는 이유가 뭐야?"라는 질문을 할 수 있겠지? 강릉 시내 '창해역사유허비', '강원도민의 노래'가 있고, 춘추전국시대 韓나라가 동이족이라는 것이 역사적 사실이고, 韓나라 재상의 자손 장량은 동이족이었다. 조선 정도전과 한국 김동호씨가 왜 장량을 저만큼 우러를까?

"한고제가 장자방을 쓴 것이 아니라, 장자방이 곧 한 고조를 쓴 것이다. 한나라를 세운 건 유방이 아니라 장자방이고, 난 조선의 장자방이니라"(조선 개국공신 정도전).

어떤 이는 장량이 유방을 부렸다고도 한다. 유방이 실은 장량의 손바닥위에서 놀았다는 이야기다. 2,000년이 지난 지금에 와서 보면 유방이 세운 제국은 400년으로 끝났지만 장량의 후손이 사는 장가계는 몇천 년이 흐를지 모르겠다. 5000년 역사에서 가장 성공한 삶을 산 인물로 나는 주저 없이 장량을 꼽는다. 권력과 돈 그리고 명예로부터 자유로웠던 인물. 장량은 복수만을 꿈꾸며 유방을 도와 진의 수도 함양을 함락시켰고, 어렵게 한(韓)나라를 다시 세웠는데 항우가 한나라 후예를 또 죽인다. 그래서 유방에게 달려가 항우를 치는데 도움을 줬다(한겨레 김동호 객원편집위원).

조선 왕실이 제작한 철퇴에 웬 2200년 전 '진시황 암살 모의' 문구가?
국립고궁박물관이 소장한 의장용 철퇴의 돌기 각면에 새겨진 글귀.
분석해보니 진시황 암살을 도모한 장량의 고사가 담긴 〈사기〉 '유후
세가'의 내용을 그대로 옮겨 적은 것이다(경향신문).

　국왕을 호위하는 위사(衛司)들의 철퇴에 진시황을 시해하려던 사건
을 새겨 넣다니, 조선 조정은 韓나라 재상의 자손 장량을 '남이 아닌'
동족으로 본 것이 분명하다.

　국적과 무관하게, 웅대한 포부—따뜻한 마음—뛰어난 전략—겸손한
자세의 장량 선생의 생애는 인류에게서 존중받을 가치가 충분하다.
특히, 근덕 무릉과 중국 무릉은 장량으로 인해 생긴 이름으로 보이고,
힘과 지략의 무릉정신은 인류 도덕의 화안정신과 합하여, 강하고 평
화로운 유토피아의 소중한 철학이다.

내면의 가치의 땅 삼척을 만들었으면

　삼국시대에 '파리현'이었던 오늘의 근덕면은 그야말로 유구한 역사
의 땅이다. 비록 장가계 일대의 거창한 자연경관에는 미치지 못하지
만, '미나리' 영화가 어디 장대한 스케일을 자랑하던가? 근덕은 그 대
신 장가계가 갖지 못한 만경창파 아름다운 해수욕장과 어항을 몇 개
씩이나 보유한 고장이다. 여기에 많은 전설을 가지고, 많은 인재를 길
러낸 지식과 힘의 땅이다. 이에 그 긴 역사와 문화와 전통을 자랑하면
서, 오늘 그 소중한 가치를 닦고 연마할 필요가 있다.

　과거와는 전혀 다른 편리한 교통편이 삼척에 뚫리고 있으니, 사람

들의 발길이 잦아질 게 틀림없다. 그 동안 삼척시는 즐거운 삶을 위한 관광명소 개발에 집중한 면도 있지만, 모든 지자체들이 그랬던 것 처럼, 이 지방을 널리 알리는 데 큰 일을 해온 것이다.

왜정 때 삼척 서부지역에서 지천에 널린 석탄으로 이나라 산업발전의 에너지를 공급했고, 동부지역에서는 동양시멘트—유지회사—삼화제철—북삼화학—발전소 등 대규모 공장과, 엄청나게 많이 나던 정어리—오징어—노가리가 넘치던 곳, 대한민국 4대 공업도시였다. 이제는 지하자원도 줄어들고, 수산물도 너무 적게 난다. 이런 때 인간의 내면적인 가치를 높이는 일을 하여, 사람이 한 번 뿐인 인생 잘 살 수 있게 하는 정신문화의 땅이 되어 보면 어떨까?

거기에 근덕면 덕봉산의 도덕과 수양산의 충절이 충실히 받치고 있지 않은가!

내 식견이 짧아 많이 얘기하지 못하지만, 고려시대 이승휴의 제왕운기(帝王韻紀)를 집필하던 혼과 정신이 충만했던 고을, 삼척부사를 지낸 미수 허목 선생이 남기신 '척주동해비'를 비롯한 정신유산들, 죽서루와 같은 관동팔경 제1루를 가진 땅이 삼척이다.

우리에게 익숙한 글귀 중 일일삼성(一日三省)이 있다. 하루에 세 번 반성하는 게 아니라, 세 가지를 반성한다는 이 말처럼, 삼척시(三陟市)는 "세 번 크게 진척한다"고 해석할 수도 있지만, 세 번 번영 후에는 세상 끝낼 건가? 이제는 영원히 끝나지 않을 항목을 찾는 게 좋지 않겠나?

즉, "세 번보다, 세 가지 項目에서 큰 진척을 이루는 것"이라고 해석하면 좋을 것 같다.

그게 무(武)—덕(德)—략(略)이면 어떨까?

있음으로 없음을, 없음으로 있음을 깨닫네

이렇게 하여, 할아버지들-아버지들-우리들 무릉 전설을 아는 사람들의 염원인 무릉 부흥은 이 글로 다 풀고, 다 이뤘다. 후손들도, 형제자매, 친지 후배들도 무릉도원재를 다녀가실 많은 분들도, 이 글이 단지 한 나마니(노인)의 시 해설과 어릴적 추억 넉두리라 생각하지 말고-세상에 대한 한 노인의 알근척(아는 척)이라 생각하지 말고-보수 꼰대의 아집이라고 평가하지 말고-한 세대 먼저 산 사람이 삶의 통찰을 위해 애쓴 흔적이요-나름의 미래 전략이며-애국의 목소리라고 생각해 주면 좋겠다. 그래야 사람들이 삶에서 꿈같이 여기던 '무릉도원 유토피아'에 대한 이해와 현실 처세 방법을 바르게 갖게 될 것이니.

유토피아가 존재하지 않는다는 것은 '지금', '여기'에 없다는 것이지 그것이 결코 실현될 수 없다는 것은 아니다. 독일의 에른스트 블로흐 (Ernst Bloch)에 의하면 유토피아는 아직 실현되지 않은 미완성의 현실 태(現實態)일 뿐이다(강구현/ 칠산문학회장).

무릉도원(유토피아)은 누구나 바라는 이상향이긴 한데, 실제로는 들어가 살 수는 없는, 그저 막연한 상상 속 신선 마을이라고 생각해 왔다. 〈도화원기〉에서 읽었 듯이, 그리고 한유 시인의 "신선이 어디 있다고!"라는 말에서도 똑같이 알 수 있듯이, '이승에는 없는' 유토피아를 분명하게 깨닫고, 환상에 빠지지 말고, 그 '없는' 유토피아를 '이승에 있게' 만들어야 한다.

마음에는 있는 유토피아, 그것이 세상에 없음을 깨닫고, 그 없음으로 인해 있도록 만들어야 한다는 자각. 무-덕-략이 도와줄 것이다.

그야말로 색즉시공(色卽是空) 공즉시색(空卽是色)이 그런 경지인지 모르겠다.

유토피아는 스스로 땀흘려 머리를 짜 치열하게 만들면, 없는 게 아니라, '있는' 것이다. 누가 어디 있건, 어떻게 복닥거리고 살든, 지금 바로 그 자리에서, '힘은 들어도 매 순간 무릉도원을 만들어 가는 그것이 인생'이다.

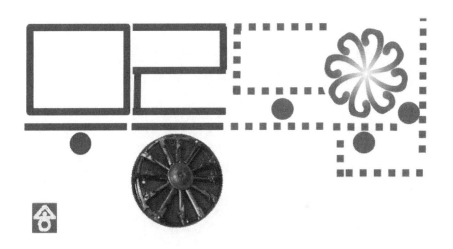

'릉'자의 바퀴살은 영국 스코틀랜드 에딘버러궁에 진열된 반질반질하게 손질한 단총들. 대영제국의 힘과 무기를 상징한다. 저 총을 붓으로 바꿔 놓으면 조선 선비를 연상할 수 있다. 총은 차갑고 냉엄한 국제사회 현실의 '힘'이요, 붓은 조선선비의 '유약한 이상'을 대비시킨다.

도원은 점선으로 써서 환타지를 표현, '원'자의 이응은 '꽃'자의 형상화로 평안을 상징한다.

무릉에 도원 없이, 도원에 무릉 없이는 무릉도원은 없다.

유토피아

우리 사랑하는 사람들 사는 이 세상이
이상향 샹그릴라 파라다이스 유토피아라면
얼마나 좋을까?

유토피아는 왜 이 세상에는 없지?
유토피아는 왜 죽어야만 가는 곳이지?

그럼 우리 살아있는 동안에 한 번
유토피아를 만들어보자

엄지 척 하며 "유토피아"라 말해 봐
"You top이야!"
남을 북돋는 그 순간 그 자리가 유토피아다
애기같은 천진한 마음으로
'엄지 척 You top이야!'

유토피아 유토피아
우리가 느끼는 행복한 시간
우리가 나누는 따뜻한 마음
우리가 만드는 희망찬 앞날

에필로그

　역사나 세상은 성인 군자만 사는 게 아니고, 불리함과 탐욕 투성이. 우리네 인생살이도 일일 연속극처럼 갈등의 연속 속에서 웃고-울고-정신차리면서, 착함(善)-참(眞)-바름(正)-옳음(義)-아름다움(美)-사랑(愛)이 승리를 거두어 가는 과정인 것 같다.

　할방이 말씀이 생각난다. "남자는 의지의 벽이 있어야 한다".
　아부지 노래도 생각나고. "풀린다 풀린~다"
　어머이 말씀도 생각나네. "내 입안의 세(혀)도 깨물릴 때가 있다".
　이 글은 내 살면서 서툴렀던-실수한-남새시룹고(남사스럽고)-꾀대가리 없고(어리석고)-촌놈 팻또(표시)내면서 산 일을 반성하면서, 내 소망을 늘어 놓은 것이기도 하다. 힌장창 깔리려는(잘난체 하려는) 것도 아니고, 진지하게 내 삶을 반추한 것이다.
　힘武-큰德-꾀略을 인생 승리의 수단이 되도록 권하면서, "이 세상 떠나는 날이 내 인격의 정점일 것"이라는 내 꿈은 짜잔~짜잔짜! 오늘도 계속되고 있다.
　근덕 부흥에 대한 내 꿈이 현실로 이뤄지면 얼마나 좋을까!

　『삼척지방 방언 편람』을 저술한 중학교 후배 이경진 씨, 사투리 보고(寶庫) 친구 이선종에게도 많은 참고가 되었음을 감사드리고, 축하

작품을 준 친구 '한울-궁촌-소담-좀' 들, 성원해준 허공 등 친구들, 동생들, 가족들 모두 고맙습니다. 힘武-큰德-꾀略을 인생 승리의 수단이 되도록 권하면서, "이 세상 떠나는 날이 내 인격의 정점일 것"이라는 내 꿈은 짜잔~짜잔짜! 오늘도 계속되고 있다.

ⓒ 김예아 7세.
'우리 할아버지 멋쟁이!'